Lucie Kolb

Suppenwetter
oder eine Geschichte vom Stehlen,
Schenken und Wegwerfen

Das Buch wurde auf FSC-zertifiziertem Papier gedruckt und leistet damit einen aktiven Beitrag zur nachhaltigen Bewirtschaftung der Wälder rund um den Globus.

ISBN 978-3-96594-012-3

1. Auflage August 2019

Gesamtgestaltung und Illustrationen: Corinna Böckmann

www.suedpol-verlag.de

Bibliographische Information der Deutschen Nationalbibliothek
Die Deutsche Nationalbibliothek verzeichnet diese Publikation in der Deutschen Nationalbibliographie; detaillierte bibliographische Daten sind im Internet über http://dnb.ddb.de abrufbar.

Lucie Kolb

Suppenwetter

oder eine Geschichte vom Stehlen,
Schenken und Wegwerfen

Illustrationen von
Corinna Böckmann

Inhalt

Ein seltsames Gefährt

„Hey du! Bleib stehen!"

Annie drehte sich stöhnend um. Sie war so froh, dass die Schule vorbei war. Ihre neuen Mitschüler waren allesamt total behämmert. Am schlimmsten waren Mila und Joy. Und genau die standen jetzt, aneinandergedrängt unter einem quietschgelben Regenschirm, vor ihr.

„Hast du dir diesen komischen Pony selbst geschnitten?", fragte Mila.

Natürlich. Dumme Frage. Der Igelpony, zwei Zentimeter kurz und nach vorne abstehend, war Annies Markenzeichen. Aber das kapierte an der neuen Schule niemand. Sie fuhr mit dem Finger darüber. Wenn er trocken war, fühlte er sich an wie ein weicher Pinsel. Gerade war er nass. Es regnete nämlich dicke graue Bindfäden.

Aber die Kapuze konnte Annie jetzt nicht aufziehen. Sonst würde Mila noch denken, dass sie ihren Pony verstecken wollte. Dabei brauchte sie den doch dringend. Zur Belüftung, weil Annie ein Hitzkopf war.

„Hallo? Ich hab dich was gefragt!" Mila sprach extra langsam. „Hast du den selbst geschnitten?"

„Ja. Und zwar schon seit der ersten Klasse."

Mila prustete. „Das sieht man."

Annie winkte ab und stapfte nach Hause. Sie wohnte in einem Mietshaus, in dem außer ihr und ihrer Mutter nur alte Leute lebten. Vor der Tür gab es ein kleines Rasenstück, das ihre Mutter *Vorgarten* genannt hatte. Annies Meinung nach hatte es mit einem Garten genauso viel zu tun, wie ein Regenwurm mit einer Boa Constrictor.

Vor der Haustür kramte sie in ihrer Jackentasche nach dem Schlüssel. Dann wühlte sie in ihrem Schulranzen zwischen den nagelneuen Büchern und Heften. Nichts zu machen. Der Schlüssel war nicht da.

Als wäre der Tag nicht schon schlimm genug gewesen.

Weil ihre Mutter arbeiten musste und noch keinen Hortplatz für sie gefunden hatte, sollte sie den ganzen Nachmittag alleine in der halb eingerichteten Wohnung hocken. Aber das ging ja nicht, ohne Schlüssel. Annie zog das Handy aus der Tasche und rief ihre Mutter an.

„Der Teilnehmer ist leider nicht erreichbar", sagte eine Maschinenstimme.

Na toll.

Im Notfall kannst du zu Frau Bröckelmeier gehen, hatte ihre Mutter gesagt. Jetzt war wahrscheinlich ein Notfall.

Aber Annie wollte nicht zu Frau Bröckelmeier. Dort roch es nach alten Rülpsern und Käsefüßen. Und außerdem kannte sie die Nachbarin fast gar nicht. Da blieb sie lieber pitschnass vor der Tür stehen und fror.

Egal. Gerade hörte es auf zu regnen.

Auf der linken Seite der Kreuzung ging es zur Schule. Geradeaus in ein Wohngebiet. Dort standen nur langweilige graue Häuser. Aber was war eigentlich in der anderen Richtung? Annie beschloss, eine Expedition zu machen. Das war das einzig Gute an einem Umzug. Man konnte Neues erkunden.

Vielleicht konnte sie sich auch verlaufen und nie mehr nach Hause finden. Das wäre praktisch. Dann würde die Polizei nach ihr suchen. Ihre Mutter wäre todtraurig und würde sie nicht mehr alleine lassen.

Die nächste Straße sah genauso grau aus wie die vorherige. Annie kickte einen Stein den Gehweg entlang. Jetzt kam sie an einem besonders hässlichen Gebäude vorbei. Es hatte nicht mal eine richtige Farbe.

„Dümmste Stadt der Welt", sagte Annie laut und ballte die Fäuste.

Das hässliche Gebäude war ein Supermarkt, vor dem ein kleiner Platz mit Fahrradständern und zwei Bänken lag.

Aus dem Supermarkt roch es nach warmen Brötchen. Annies Magen knurrte. Zu Hause gab es noch Nudelsalat. Aber ohne Schlüssel half ihr das nichts.

Und ohne Geld half ihr auch der Supermarkt nichts. Annie seufzte.

Am Ende der Straße tauchte ein seltsames Gefährt auf. Es schwankte hin und her und dampfte.

Annie setzte sich auf die nasse Bank. Von dort aus

konnte sie das Ding gut beobachten. Je näher es kam, desto mehr konnte Annie erkennen.

Es war ein Fahrrad. Oder jedenfalls so etwas Ähnliches. Ein paar Sachen waren anders als bei Annies Rad. Zum Beispiel, dass ihr Fahrrad nicht dampfte. Es machte auch nicht so laute Geräusche. Dieses hier klapperte und klirrte, als würde es gleich auseinanderbrechen.

Auf dem Rad saß ein älterer Mann in einer grau-bräunlichen Regenjacke. Annie konnte sehen, dass sie früher mal leuchtend Gelb gewesen war.

Jetzt hielt er mitten auf dem Platz vor dem Supermarkt, nur drei Meter von Annie entfernt.

So ein Fahrrad hatte Annie wirklich noch nie gesehen: Es hatte vorne zwei Reifen. Dazwischen, ungefähr zehn Zentimeter über dem Boden, war ein Backblech mit hohem Rand befestigt. Und darüber baumelte ein Topf, der an einer Stange vom Lenker hing. Von hier kam auch der ganze Dampf. Am Gepäckträger spannte sich eine Schnur, an der lauter kleine Schüsseln am Henkel aufgefädelt waren. Auf der anderen Seite hing eine Tasche.

Der Mann stieg schnaufend ab. Er klappte den Fahrradständer runter und zog ein Tuch aus der Hosentasche, mit dem er sich übers Gesicht wischte. Das Tuch war auf dieselbe Art weiß, wie seine Jacke gelb war. Er nickte Annie kurz zu.

Da, wo an anderen Fahrrädern die Luftpumpe fest-geklemmt ist, steckte ein Schöpflöffel. Den nahm er nun ab und rührte im Topf.

Langsam breitete sich ein leckerer Geruch auf dem Platz aus.

Eine Frau kam aus dem Supermarkt. Sie trug ein Namensschild an ihrem Hemd. Wahrscheinlich arbeite-te sie dort und hatte Pause.

„Tach Kurt, ich hab schon gewartet."

Kurt schaute nach oben. „Ja, ja, heut ist wieder Suppenwetter." Dann nahm er eine Schüssel vom Gepäckträger und schüttete grüne Suppe hinein. Aus der Tasche zog er einen Löffel und drückte beides der Frau in die Hand.

Die begann, die Suppe zu essen. So lange standen die beiden schweigend nebeneinander.

„Ah! Das war gut", sagte die Frau, als sie die Schüssel leer gelöffelt hatte. Sie kramte in ihrer Hemdtasche und drückte Kurt ein paar Münzen in die Hand. „Bis zum nächsten Suppenwetter!" Mit zufriedenem Gesicht ging sie wieder in den Laden.

Erbsensuppe für alle

Annie wunderte sich. Das war nicht nur die hässlichste Stadt der Welt, sondern auch die seltsamste. Wieso fuhr der Mann einen Topf Suppe spazieren?

Immer mehr Leute kamen, sie umringten Kurt und sein Fahrrad.

„Erbsensuppe! Beste Suppe!", rief ein Bauarbeiter und rieb sich den Bauch, als er seine Schüssel zurückgab.

Nach und nach hatten alle gegessen. Und jeder hatte Kurt ein paar Münzen in die Hand gedrückt. Der Platz leerte sich wieder. Bald war er genauso leer wie Annies Bauch. Außerdem fühlte sie sich halb erfroren. Gegen beides half eine Suppe bestimmt. Aber leider hatte Annie kein Geld dabei.

Ein lautes Knurren dröhnte über den Platz.

Kurt drehte sich um.

„Na sag mal! Was war das?", fragte er und schaute Annie an. Die Falten um seine Augen sahen aus wie Sonnenstrahlen.

„Das war mein Bauch." Annie lief knallrot an.

„Vom Dasitzen und Gucken wird man nicht satt", rief Kurt. Er nahm sein Fahrrad und schob es neben die Bank. Dann schöpfte er Suppe in eine besonders große Schüssel. Die drückte er Annie in die Hand. Fast wäre sie ihr heruntergefallen, weil ihre Finger ganz steif waren. Aber sie hielt sie gut fest und sog den Dampf in die Nase ein. Es war die erbsigste Erbsensuppe, die sie je gegessen hatte. Sie war grün wie ein Garten im Frühling und schmeckte auch so. Die Wärme floss Annies Hals hinunter und breitete sich in ihrem Magen und ihrem ganzen Körper aus.

Kurt schöpfte sich ebenfalls eine Schüssel voll Suppe und setzte sich neben Annie auf die Bank. Er roch nach Holzfeuer. Und natürlich nach Erbsensuppe.

„Wenn du Salz und Pfeffer magst", sagte er und deutete auf den Lenker. Dort waren in einer kleinen Halterung zwei Streuer angebracht.

Aber die Suppe schmeckte gut, so wie sie war.

Erst als Annie den letzten Rest aus ihrer Schüssel gelöffelt hatte, fiel ihr ein, dass sie ja immer noch keine Münzen hatte.

Sie rutschte auf der Bank hin und her.

„Hast du Hummeln im Hintern?", fragte Kurt.

Annie schüttelte den Kopf.

„Noch 'ne Schüssel?"

„Nein, ich hab gar kein Geld dabei." Sie zog den Kopf ein. Diebstahl war eine schlimme Sache.

Kurt zuckte die Schultern. „Geben tun nur die, die wollen", sagte er.

Annie verstand nicht ganz, was das bedeutete, aber es hörte sich freundlich an. Kurt war gar nicht sauer.

„Was ist das?", fragte sie und deutete auf das Fahrrad.

„Das Suppenfahrrad! Hab ich selbst gebaut." Kurt stand auf und erklärte Annie alles ganz genau. „Hier drin", sagte er und zeigte auf das Backblech, „sind heiße Kohlen."

Das fiel Annie erst jetzt auf. Es glühte wirklich unter dem Suppentopf!

„Sonst wär die Suppe ja kalt, bis ich hier bin. Ist nämlich ein Stück von zu Hause."

„Aber ist das nicht schwer?", fragte Annie.

Das Fahrrad sah sehr wuchtig aus.

Kurt nickte. „Schon. Aber mit der Suppe ist es, wie wenn man einem Esel eine Karotte vor die Nase hält." Jetzt musste er lachen und Annie auch.

„Kommst du morgen wieder?", fragte sie.

„Nur wenn Suppenwetter ist", sagte Kurt.

„Suppenwetter? Was ist das denn?"

Kurt deutete Richtung Himmel. „Heute zum Beispiel ist Suppenwetter. Das spürt man am ganzen Körper. Wenn morgen auch Suppenwetter ist, komm ich wieder."

Dann stieg er auf sein Rad. Aber er blieb noch kurz stehen. „Wie heißt du eigentlich?"

„Annie."

„Ich heiße Kurt."

Schwankend und klirrend fuhr er langsam davon.

Der Wetterfrosch

Am nächsten Tag in der großen Pause stand Annie auf dem Schulhof und starrte in den Himmel. Dicke graue Wolken hingen dort, aber hinter ihnen leuchtete die Sonne. Ein warmer Wind wehte und die Kinder hatten ihre Jacken ausgezogen.

Auf einmal stand ein Junge neben ihr. „Bist du auch ein Wetterfrosch?"

Annie sah ihn an. Er war aus ihrer Klasse, klein und mit einer Brille auf der Nase. Es dauerte ein bisschen, bis Annie der Name einfiel: Nikita.

„Ein Wetterfrosch? Was soll das denn sein?", fragte sie.

„Na, jemand der das Wetter beobachtet eben", sagte Nikita und deutete nach oben. „Diese Wolken nennt man Kumulonimbus. Das heißt ziemlich sicher, dass es regnen wird."

Annie horchte auf. Bei Regen würde Kurt bestimmt da sein.

Jetzt steckte Nikita seinen Zeigefinger in den Mund und hielt ihn in die Luft. „Aber der warme Westwind wird die Wolken wahrscheinlich vertreiben und uns einen strahlenden Sonnentag bescheren."

Annie starrte Nikita an. „Bist du vom Wetterbericht oder was?"

„Nein. Hab ich doch gesagt. Ich bin ein Wetterfrosch. Ich beobachte das Wetter. Zuhause hab ich sogar eine eigene Wetterstation. Selbst gebaut. Heute Morgen war übrigens hoher Luftdruck."

Langsam überlegte Annie, ob sie einfach weggehen sollte.

Nikita zuckte die Schultern. „Ich dachte, du interessierst dich vielleicht auch fürs Wetter. Weil du so in die Wolken geschaut hast. Wolkenbeobachtung ist ein wichtiger Teil der Wettervorhersage."

„Ich will eigentlich nur wissen, ob heute Suppenwetter ist."

Jetzt starrte Nikita Annie auf einmal so an, als ob sie etwas Komisches gesagt hätte. Er nahm die Brille ab und putzte sie mit seinem Pulloverärmel. Dann setzte er sie wieder auf und schaute in den Himmel. „Suppenwetter? Das hab ich noch nie gehört. Ich kenne Nebel, Graupelschauer, Sprühregen, Kumuluswolken, Föhn oder Schneesturm. In manchen Gegenden gibt es sogar Blizzards, aber bei uns nicht."

Es gongte. Die Pause war vorbei. Nikita schaute Annie erwartungsvoll an.

„Ich muss jetzt gehen", sagte sie.

Leider hatte Nikita denselben Weg. „Nun sag schon. Was ist das, Suppenwetter?"

Annie blieb stehen und stemmte ihre Fäuste in die Hüften. Sie hatte überhaupt keine Lust, zuzugeben, dass sie das nicht genau wusste. Da kam ihr eine Idee. „So wie gestern. Wenn das Wetter so ist wie gestern, dann ist Suppenwetter."

„Gestern. Das kann ich in meinen Aufzeichnungen nachschauen. Ich führe nämlich ein Wettertagebuch", sagte Nikita. „Aber das Wetter ist nie an zwei Tagen genau gleich, weißt du."

Der gezeichnete Beweis

Die Schule war zu Ende und die Sonne schien so warm, dass Annie ihre Jacke unter dem Arm nach Hause trug. Das war ganz bestimmt kein Suppenwetter.

Gerade bog sie in ihre Straße ab, da rief jemand ihren Namen.

Nikita kam mit wedelnden Armen angelaufen. „Warte. Ich wollte wissen, was das ist, Suppenwetter! Was ist denn das Besondere daran?"

Annie schnalzte mit der Zunge. „Bei Suppenwetter kommt das Suppenfahrrad."

Nikitas Augenbrauen zogen sich über seinen Brillengläsern zusammen. „Ein Suppenfahrrad? Was soll das denn sein?"

„Da ist ein Mann, der fährt die Suppe mit seinem Fahrrad vor den Supermarkt. Und wenn man kein Geld hat, muss man nicht bezahlen. Überhaupt ist der Mann total nett und das Suppenfahrrad hat er selbst gebaut."

Annie machte es richtig Spaß, davon zu erzählen. Sie konnte sich noch genau erinnern, wie satt und glücklich sie gestern gewesen war. Viel mehr als nach normaler Suppe in einer normalen Küche.

„Das ist doch Quatsch. So was gibt es doch gar nicht." Nikita tippte sich an die Stirn. „Suppenwetter! So ein Blödsinn. Hab ich doch gleich gewusst." Er drehte sich um, und bis Annie eine gemeine Antwort eingefallen war, war er längst weg.

Weil sie keinen Ärger mit ihrer Mutter bekommen wollte, ging Annie nach der Schule direkt nach Hause und langweilte sich fast zu Tode. Als ihre Mutter endlich von der Arbeit kam, war es schon Zeit zum Abendessen.

„Wie war es denn heute in der Schule?"

Annie mochte diese Frage nicht. Sie biss schnell von ihrem Brot ab und nickte nur als Antwort.

„Hast du deine Hausaufgaben gemacht?"

Wieder nickte Annie.

„Und hast du schon Freunde gefunden?"

Annie schluckte. Jetzt musste sie einen Moment überlegen.

Ihre Mutter seufzte. „Es gibt doch in deiner neuen Schule bestimmt auch nette Kinder?" Sie sah Annie traurig an.

Annie wusste, dass ihre Mutter sich sehr wünschte, dass sie neue Freunde fand und aufhörte, sich über den Umzug zu ärgern. Aber die meisten Kinder redeten gar nicht erst mit ihr. Außer eines.

„Einen Freund habe ich schon gefunden. Er heißt Nikita."

Ihre Mutter strahlte. „Das ist doch toll!"

Nach dem Essen saßen sie zusammen im Wohnzimmer. Annie beschloss, dass Nikita ihr Freund werden sollte. Immerhin hatte er keine dummen Fragen über ihren Igelpony gestellt. Dass es das Suppenfahrrad gab, hätte Annie ja selbst nicht geglaubt, wenn sie es nicht gesehen hätte.

Sie holte ihre Stifte und einen Block heraus. Das

Suppenfahrrad zu malen, war gar nicht so einfach. Manchmal waren die Räder zu groß, manchmal zu eckig. Und wo waren eigentlich diese ganzen Stangen beim Fahrrad?

Als das Bild endlich fertig war, lag ein ganzer Haufen zusammengeknüllter Blätter neben Annie. Aber nun war sie zufrieden. Sogar die Dampfwolke über dem Topf sah so echt aus, dass sie fast die Suppe riechen konnte.

Ein Wetterbericht für Annie

Als Annie am nächsten Morgen ins Klassenzimmer kam, saß Nikita schon an seinem Platz. Er beugte sich über ein kleines, vollgeschriebenes Buch.

Annie holte tief Luft. Dann legte sie das Bild vom Suppenfahrrad zusammengefaltet auf den Tisch. „Hier, für dich."

Nikita starrte sie fragend an.

Ohne eine Erklärung ging sie nach hinten zu ihrem Pult und setzte sich.

„Was ist das?", rief er, aber in dem Moment kam die Lehrerin herein und der Unterricht begann.

Annie beobachtete, wie Nikita das Blatt auseinanderfaltete. Sie fühlte sich ganz kribbelig. Leider konnte sie nur seinen Rücken sehen.

Einen Moment saß er still da. Dann drehte er sich zu ihr um. Seine Augen waren kugelrund und sein Mund stand ein bisschen offen. Annie nickte ihm zu. Nikita lächelte und wandte sich wieder nach vorne. Aber statt der Lehrerin zuzuhören, schrieb er fieberhaft etwas auf. Annie hätte zu gerne gewusst, was.

Dann gab er unauffällig ein kleines weißes Viereck zu seinem hinteren Sitznachbarn.

Das Viereck wanderte immer weiter in Annies Richtung. Sie hielt es kaum noch auf ihrem Stuhl aus.

Jetzt war das Viereck in der Reihe vor ihr bei Mila angekommen. Der Zettel war so oft zusammengefaltet, dass er wie ein schiefer Würfel aussah. Und auf dem Würfel stand ihr Name. Sie lehnte sich nach vorne, um ihn entgegenzunehmen, aber Mila gab ihn ihr nicht. Stattdessen beugte sie sich kichernd zu ihrer Sitznachbarin Joy und faltete das Blatt auseinander.

„He! Gib das her!", zischte Annie.

Mila reagierte nicht.

Sie las den Zettel und prustete in sich hinein.

Auch Joy kicherte leise.

Nikita drehte sich um. Sein Kopf war knallrot. Er presste die Lippen aufeinander.

Annie war kurz davor, einfach aufzuspringen und Mila den Zettel wegzureißen.

Da schnippte Joy das Papier vom Tisch. Schnell stand Annie auf und griff es sich. Die Lehrerin war zum Glück damit beschäftigt, Rechenaufgaben an die Tafel zu schreiben.

„Tut mir leid für dich. Es ist kein Liebesbrief, sondern nur ein Wetterbericht", flüsterte Mila und sie und Joy begannen wieder zu kichern.

Annie strich das Papier glatt.

Tatsächlich. Es war ein Wetterbericht.

SUPPENWETTER

So war vorgestern das Wetter:
Luftdruck: niedrig
Temperatur: 10 Grad Celsius
Starkregen
keine Sonnenstunden
Windgeschwindigkeit ca. 50 km/h

Erst in der Pause konnten Annie und Nikita miteinander reden.

„Das Suppenfahrrad gibt es also wirklich? Wow!", sagte Nikita. Seine Wangen waren rot und er rieb sich die Hände.

Annie hatte gewusst, dass er ihr glauben würde, wenn er das Bild bekam.

Ein Windstoß trieb Staub und Blätter über den Schulhof. Dunkle Wolken jagten über den Himmel.

„Ich glaube, heute ist wieder Suppenwetter", sagte Annie. „Kommst du mit und siehst es dir an?"

Nikita knibbelte an seinen Fingern. „Ich muss eigentlich nach der Schule gleich nach Hause. Sonst macht meine Mutter sich Sorgen."

„Hast du kein Handy?"

„Doch, ja. Natürlich. Aber was soll ich sagen?"

Annie überlegte. „Sag einfach, dass du mit zu mir gehst. Weil ich neu in der Schule bin. Und du musst mir bei Mathe helfen."

„Ich weiß nicht. Eigentlich darf ich nicht zu anderen Kindern nach Hause, wenn meine Mutter die Eltern nicht kennt."

„Meine Mutter kann deine anrufen", schlug Annie vor.

Nikita wippte mit dem Kopf. „Das könnte klappen."

Wo bleibt das Suppenfahrrad?

Nach der Schule blies Annie der Wind kalt in den Kragen. Sie spürte es wirklich am ganzen Körper: Heute war Suppenwetter.

Aber erst mal mussten sie sich um ihre Eltern kümmern. Nikita rief seine Mutter an, Annie ihre, die rief wiederum Nikitas Mutter an, und dann war alles klar: Nikita durfte mit zu Annie nach Hause.

In Wirklichkeit machten sie sich sofort auf den Weg zum Supermarkt. Aber der war ja sehr nah an Annies Wohnung, also war es fast nicht gelogen. Außer, dass sie natürlich kein Mathe übten.

Kurt und das Suppenfahrrad waren noch nicht da, aber das machte nichts. Sie setzten sich auf die Bank.

Ab und zu schlug der Wind ihnen kleine Tropfen ins Gesicht.

„Wind aus Nordost, die Temperatur ist auf ungefähr zehn Grad gefallen. Ich schätze, es wird gleich anfangen zu regnen."

Nikita kramte in seinem Ranzen und holte ein Cape aus Plastik hervor, schlüpfte hinein und zog den Saum der Kapuze so zu, dass nichts mehr von seiner Stirn zu sehen war.

Zehn Sekunden später schüttete es. Annie hatte nicht so tolle Regenklamotten. Ihre Kapuze konnte man nicht zuziehen und der Wind blies sie immer wieder herunter.

„Egal, ich bin ja nicht aus Zucker. Wenn es gleich warme Suppe gibt, macht der Regen eh nichts mehr."

Trotzdem wurde Annie kalt. Sie zog den Kopf tief zwischen die Schultern. Die Suppe würde heute besonders gut schmecken. Ihr Magen knurrte. Nikita rutschte auf der Bank hin und her.

„Annie?"

„Hmm?"

„Bist du dir sicher, dass das Suppenfahrrad kommt?"

„Ist das Suppenwetter?"

„Starkregen mit Wind aus Nordost."

„Es kommt bestimmt bald."

Nikita schwieg eine Weile. Dann seufzte er. „Das Bild, dass du mir gemalt hast, war toll."

„Danke." Annie sah ihn an. Er wollte noch mehr sagen, das spürte sie.

Er schüttelte einen Schwall Tropfen von der Kapuze. „Wenn du dir das Suppenfahrrad doch nur ausgedacht hast, dann musst du es jetzt zugeben!"

Annie spürte, wie sich Hitze auf ihren Wangen ausbreitete. Keine gute, freundliche Suppenhitze, sondern Wuthitze. Da half auch der Igelpony zur Belüftung nicht. Sie versuchte sie zu vertreiben und atmete ganz tief ein. „Das Suppenfahrrad gibt es wirklich, Nikita. Versprochen."

Nikita nickte.

Schweigend saßen sie nebeneinander, während die Nässe langsam durch Annies Jacke drang und die Kälte immer tiefer in ihre Knochen kroch. Nur in ihrem Kopf, da blieb die Hitze. Weil Kurt nicht kam, obwohl er es versprochen hatte.

„Vielleicht hat er sich nur irgendwo untergestellt. Damit die Kohlen nicht ausgehen. Er wird kommen."

Nikita sah wütend aus. „Ich habe Hunger! Und was soll ich meiner Mutter erzählen, warum ich so nass bin?"

Annie zuckte die Schultern. Aber ihr Gesicht wurde noch röter.

Nikita nahm seine Brille ab und fuhr sich mit der Hand über die Augen.

„Du hast gelogen, stimmt's? Dem Wetterfrosch was vom Suppenwetter erzählen! Das hast du dir doch mit den anderen in der Klasse ausgedacht!"

Annie verstand überhaupt nicht, was er da redete. Mit wem sollte sie sich denn etwas ausgedacht haben? Sie verstand nur, dass er ihr nicht glaubte. Und dass Kurt sie sitzen gelassen hatte.

Sie sprang auf und schrie: „Geh doch nach Hause! Wahrscheinlich kommt Kurt sowieso nur wegen dir nicht!"

Das Letzte war natürlich Quatsch, das wusste sie schon.

Nikita rutschte von der Bank und schwang sich den Ranzen auf den Rücken. „Ich geh jetzt auch! Du bist doch verrückt. Schönen Gruß an dein Suppenfahrrad.

Wahrscheinlich hat ein unsichtbarer Kobold es gestohlen." Er drehte sich um und ging.

„Ja, geh nur! Und schönen Gruß an deine Wetterstation! Sie ist 'ne blöde Kuh!"

Nikita schüttelte den Kopf und winkte ab.

Annie setzte sich wieder hin. Ihr Gesicht glühte.

Es knallt

Irgendwann hielt Annie es nicht mehr aus. Sie musste etwas essen und grub in ihrer Jackentasche. Extra
für Kurt hatte sie drei Fünfzigcentstücke mitgebracht.
Damit sie ihre Suppe heute auch bezahlen konnte.

Im Laden suchte Annie sich zwei Gugelhupfkringel
aus. Als sie an der Kasse stand, erkannte sie die Frau,
die letztes Mal auch bei Kurt gegessen hatte. Annie fiel
auf, dass sie zwei große Sonnen als Ohrringe trug. Sie
hieß Petra, wie Annie auf ihrem Namensschild lesen
konnte.

„Wissen Sie, wo Kurt ist?", fragte Annie.

Zum Glück war hinter ihr keine Schlange, so hatte Petra Zeit, mit ihr zu reden.

„Ich frag mich auch schon, wo der bleibt. Ist ja eigentlich Suppenwetter heute", sagte sie.

„Sind Sie da ganz sicher?"

„Na klar. Deshalb hab ich auch meine Schlecht-Wetter-Ohrringe an." Sie deutete auf die Sonnen.

Annie war froh, dass sie sich da nicht getäuscht hatte. Beim Wetter wusste man ja nie so genau.

„Und wo kann Kurt dann sein?", fragte sie.

Petra runzelte die Stirn. „Weiß nicht. Hoffentlich ist ihm nichts passiert. So ganz alleine da am Hafen."

Annie zuckte zusammen. Etwas passiert? Das musste es sein. Schließlich war heute ganz sicher Suppenwetter. Und Kurt war nicht da.

„Was heißt das denn, ganz alleine am Hafen?", fragte Annie.

„Na, er lebt halt alleine." Petra lehnte sich vor und deutete nach draußen. „Die Straße runter, bis ganz zum Ende. Da wohnt Kurt. Aber da wohnt sonst niemand."

Annie stopfte schnell die Tüte mit den Gugelhupf-kringeln in ihre Jackentasche. Sie nahm sich vor, erst zu essen, wenn sie Kurt gefunden hatte.

Wahrscheinlich war alles gut und dann gab es Suppe. Und wenn wirklich etwas passiert war, dann hatte sie Gugelhupfkringel zur Stärkung.

Annies Knie waren vom vielen Laufen schon ganz zittrig und ihr Bauch drohte, sich selbst aufzuessen. Sie holte ein Stückchen Gugelhupfkringel aus der Tasche und aß es. Schließlich konnte sie Kurt nicht helfen, wenn sie verhungert war.

Da hörte sie von oben ein schrilles Geräusch. Vor den grauen Wolken, die über den Himmel huschten, flog ein Schwarm Möwen.

Plötzlich roch es nach Algen und Fisch.

Am Hafen, hatte Petra gesagt, und Annie wusste, dass Möwen und dieser Duft damit zu tun hatten. Wasser konnte sie aber noch nirgends entdecken.

Neben der Straße standen jetzt keine normalen Häuser mehr, sondern große Hallen. Sie waren mit bunten Buchstaben und Symbolen besprüht. Annie konnte aber nichts davon entziffern. Dann fiel ihr auf, dass bei vielen Fenstern die Scheiben fehlten und nur noch zackige Scherben in den Rahmen steckten. Überhaupt war sie schon seit Langem keinem Menschen mehr begegnet.

Gänsehaut breitete sich auf ihren Armen aus. Daran war nicht das Suppenwetter schuld, sondern ein bisschen Angst. Schnell stopfte sie sich noch ein Stück Gugelhupfkringel in den Mund.

Dann knallte es so laut, dass Annie vor Schreck in die Luft sprang.

Ihre Beine wurden so zittrig, dass sie gar nicht mehr weitergehen konnte. Es war also wirklich etwas passiert!

Wieder ertönte ein Knall. Schoss da jemand?

Fliegende Kartoffeln

Annie drückte sich an die Wand der Halle, wie es die Polizisten im Film machten. Langsam pirschte sie vor. Schon von Weitem sah sie, dass hier wirklich die Straße zu Ende war. Vor ihr lag der Fluss, eingemauert und schnurgerade.

Kurt musste ganz in der Nähe sein.

Annie überlegte, ob sie rufen sollte. Aber dann hätte sie den Knaller gewarnt. Also schlich sie weiter und lugte vorsichtig um die Ecke der Halle. Vor Schreck zog sie ihren Kopf sofort wieder zurück.

Dort stand ein riesiges Insekt, das so groß wie Annies

Haus war und einen meterlangen Greifarm hatte.

Annie biss sich auf die Fingerknöchel. Da war wirklich was passiert. Wenn Kurt von diesem Ungetüm gefangen gehalten wurde, konnte er natürlich nicht mit dem Suppenfahrrad kommen.

Vielleicht könnte sie das Insekt mit dem Gugelhupfkringel weglocken. Insekten mochten schließlich Süßes. Wobei der Kringel dafür vielleicht ein bisschen klein war.

Da knallte es schon wieder. Annie streckte den Kopf vor.

Jetzt erkannte sie, dass dort gar kein Insekt stand, sondern ein Kran.

Er war mit vier Füßen an Bahngleisen befestigt. Eine Leiter führte nach oben zu dem eckigen Bauch. Und von dort ragte ein Greifarm in die Höhe, der aussah wie das Bein einer Heuschrecke. Ein dickes Stahlseil mit einem Haken baumelte nach unten.

Am Boden wuchsen Gras und struppige Büsche. Und es stand alles Mögliche herum. Reste eines Wäscheständers, kaputte Fensterrahmen, aufgestapelte Holzpaletten und drei bunte Regentonnen. Aber vor allem alte Fahrräder – oder vielmehr Teile davon. Manche waren so rostig und tief in den Boden eingesunken, dass sie eher wie vertrocknete Pflanzen aussahen.

An der Vorderseite des Krans bewegte sich etwas. Und dann entdeckte sie ihn: Da oben, auf einem Gitter vor dem Bauch des Krans hockte Kurt. Er schaute Richtung Wasser. Jetzt holte er aus, etwas flog durch die Luft und knallte am anderen Ufer gegen ein Schild.

Das machte den Lärm!

Annie wurde heiß. Sie machte sich Sorgen, rannte pitschnass durch die Gegend und Kurt saß hier und machte Krach!

Mit einem Satz stürzte sie hinter der Halle hervor.

„Kurt!", brüllte sie in den Wind. „Kurt!"

Kurt drehte den Kopf. Als er Annie sah, riss er Augen und Mund weit auf. Dann kam er schnell die Leiter heruntergeklettert.

„Was machst du denn hier? Klatschnass!"

„Du hast gesagt, du kommst, wenn Suppenwetter ist!"

Kurts Gesicht sah auf einmal ganz traurig aus, wie ein zerknüllter Waschlappen. „Komm ins Warme, Mädchen", sagte er und nahm Annie an der Schulter.

Er führte sie in eine Art Unterstand. Dort stand ein schwarzer eiserner Holzofen mit einer Bank daneben.

Annie setzte sich.

„Mal sehen, ob noch genug Kartoffeln übrig sind",
murmelte Kurt, ging zum Kran und stieg die Leiter
hoch. Jetzt verstand Annie, womit er geworfen hatte.
Kartoffeln!

Suppe ohne Fahrrad

Annie sah sich genauer um. Der Unterstand war ein-
gerichtet wie eine Küche. Zwar nicht wie die Küche
bei Annie zu Hause, aber doch so ähnlich. Auf dem
Holzofen stand ein Teekessel und an der Bretterwand
hing eine Stange, an der Kochgeschirr baumelte. In der
Ecke stand ein Schrank mit schiefen Türen.

„Für eine kleine Suppe reicht es noch."

Kurt setzte sich neben Annie und fing an, Kartoffeln zu
schälen. Eine braungrau gescheckte Katze kam herein-
gelaufen und schnupperte an Annies Füßen.

„Das ist Schnauzbart", sagte Kurt. „Hat sich versteckt, wegen dem Lärm."

„Warum hast du denn so einen Lärm gemacht?", fragte Annie.

Kurt seufzte schwer. „Das Suppenfahrrad."

„Was ist damit? Kaputt?"

Kurt schüttelte den Kopf und presste die Lippen aufeinander. „Geklaut", stieß er hervor.

Annie sprang so schnell auf, dass Schnauzbart wütend miaute. „Was?! Wer macht denn so was?"

Kurt zuckte die Schultern. „Weiß nicht."

„Das kann doch nicht wahr sein!" Annie setzte sich zurück neben den warmen Ofen. „Vielleicht findet die Polizei es ja wieder?"

Kurt sah sie mit gerunzelter Stirn an.

„Haben die schon eine Spur von dem Täter?"

Kurt schüttelte den Kopf und fing an, die Kartoffeln in kleine Stücke zu schneiden.

„Bestimmt werden sie es bald finden", sagte Annie fest.

„Ich will nichts mit der Polizei zu tun haben", murmelte Kurt und warf die Kartoffelstücke in einen Topf.

„Aber dazu ist die Polizei doch da! Um gestohlene Sachen wiederzufinden."

Kurt zuckte die Schultern.

Annie wurde sauer. „Hör zu, du musst ...“

„Keine Polizei. Das gibt nur Probleme.“ Kurt deutete auf seinen Garten. „Alles hier habe ich selbst gemacht. Bis auf den Kran. Ich lasse mich nicht vertreiben.“

Annie wusste zwar nicht, was das mit der Polizei zu tun hatte, aber ihr fiel etwas ein. „Du kannst dir doch ein Neues bauen! Hier stehen genug alte Fahrräder rum. Ich helf dir auch.“

Kurt schüttelte den Kopf. „Die taugen nur als Ersatzteile. Ein ganzes Suppenfahrrad kann man daraus nicht bauen.“

Schnauzbart sprang auf die Bank und setzte sich neben Annie. Er sah struppig aus, wie ein alter Wischmopp mit ein paar zusätzlichen Haaren. Aber er fühlte sich ganz weich an.

Kurt setzte den Topf mit Wasser und Kartoffeln auf den Herd. „Bald gibt's warme Suppe“, sagte er. „Ich hol noch was aus dem Garten.“ Er stand auf und ging zu einer kleinen Ecke, die etwas aufgeräumter aussah als der Rest des Gestrüpps. Dann kam er mit einer Stange Lauch und einer Karotte zurück.

„Jetzt noch ein paar Gewürze“, sagte Kurt und streute aus verschiedenen Gläsern etwas in den Topf. „Und Brühe." Er hielt Annie einen der Behälter unter die Nase. „Selbstgemacht."

Annie kannte nur die Brühe aus dem Supermarkt. „Wie kann man das denn selber machen?", fragte sie.

„Gemüse klein schnibbeln und auf dem Ofen trocknen. Dann bleibt der geballte Geschmack übrig." Er gab einen großzügigen Löffel davon in den Topf. „So, es fehlen nur noch die Lorbeerblätter. Dann heißt es warten." Eine Weile saßen sie schweigend da und hörten dem Blubbern im Kochtopf zu.

Bald war die Suppe fertig. Es wurde auch höchste Zeit, denn Annie war beinahe verhungert und erfroren, auch wenn sie neben dem Ofen saß und Schnauzbart sie von der anderen Seite wärmte.

Die Suppe war fast genauso köstlich wie vorgestern. Natürlich nur fast.

„Radfahren macht die Suppe noch leckerer", sagte Annie.

Kurt nickte.

„Aber ohne schmeckt es auch", fügte Annie schnell hinzu. „Hast du eigentlich vorhin mit Kartoffeln geworfen?", fragte sie, obwohl sie die Antwort schon kannte.

Kurt nickte wieder. „Vor Wut."

„Man soll kein Essen wegschmeißen." Sie wollte Kurt nur ein bisschen von seinem Fahrrad ablenken. Und es funktionierte, denn Kurt lachte schnaubend.

„Was denkst du denn, wo die Kartoffeln herkommen?", fragte er und wischte sich den Mund ab.

Annie zuckte die Schultern. „Aus dem Laden? Oder aus deinem Garten?"

„Aus dem Container vom Supermarkt", sagte Kurt.

„Was denn für ein Container?"

„Na, der Müllcontainer."

Annie ließ den Löffel sinken und starrte in die Suppe. „Aus dem Müll?"

Kurt nickte. „Die Erbsen auch. Alles, woraus ich meine Suppen koche. Aus meinem Garten gebe ich nur Kleinigkeiten dazu."

Annie hatte gar keinen Appetit mehr.

„Musst dir keine Sorgen machen. Die Lebensmittel sind noch ganz in Ordnung. Deshalb fisch ich sie ja raus. Und die Leute sind froh, wenn es dann Suppe gibt."

Annie dachte an die vielen Menschen, die die Erbsensuppe gegessen hatten. Und daran, wie die Frau im Supermarkt auf Kurt gewartet hatte.

„Und warum werfen die das weg?"

Kurt zuckte die Schultern. „Müssen Platz machen für neue Sachen."

Annie aß noch eine Portion Suppe. Dann war sie satt und müde. Sie hatte so viele Sachen erfahren und gesehen, dass ihr Kopf genauso voll und faul war wie ihr Bauch. Aber eine Sache wollte sie unbedingt noch wissen. „Wieso wohnst du denn hier und nicht in einer normalen Wohnung?"

Kurt schaute aufs Wasser. „Früher hab ich hier gearbeitet. Aber jetzt ist der Hafen stillgelegt."

„Was bedeutet das?", fragte Annie.

„Zugemacht. Lohnt sich nicht mehr. Hier fahren keine Schiffe mehr. Den Kran braucht man nicht. Also kann ich darin wohnen."

Irgendwie passte das gut zusammen. Kartoffeln, die keiner mehr brauchte, wurden zu Kurts Suppe. Ein Kran, den keiner mehr brauchte, zu seiner Wohnung.

„War es hier schon immer so schön?", fragte Annie.

Kurt zuckte die Schultern. „Ich fand es immer schön. Aber vorher war hier nur Hafen. Jetzt ist es mein Zuhause. Hab ich auch alles selbst gebaut." Er deutete nach oben. „Sogar mit Solarzellen."

Annie nickte. „Dann kannst du doch auch ein neues Suppenfahrrad bauen."

„Erst wenn ich irgendwoher ein Rad bekomme. Es muss noch rollen können. Das ist das Mindeste."

„Aber die Leute warten doch auf deine Suppe!", rief Annie so laut, dass Schnauzbart maunzend von der Bank sprang.

Kurt nickte. „Da muss ich mir was einfallen lassen. Vielleicht kann man doch noch eines der Räder benutzen."

Sie standen auf und begutachteten die vielen alten Rostlauben. Aber an jeder hatte Kurt etwas zu meckern.

„Fällt schon beim Ansehen auseinander."

Oder: „Da kann ich ja gleich zu Fuß gehen."

„Was ist das denn?" Annie deutete auf eine schwarze Gießkanne, die vom Kran hing.

„Das ist meine Dusche", erklärte Kurt. „Im Sommer wird das Wasser schön warm. Im Winter muss ich es vorher heiß machen."

Er zeigte zwischen die riesigen Beine des Krans. Auf einem großen Holztisch lagen verschiedene Werkzeuge.

„Meine Werkbank. Aber wenn man beklaut wird, kann man ja nichts mehr rumliegen lassen!", fluchte

Kurt, hob eine schwere Zange auf und schleuderte sie durch die Luft. Sie landete mit einem dumpfen Geräusch im Gras.

Annie merkte, dass Kurt wieder wütend wurde. Sie verabschiedete sich schnell.

Es ist verzwickt

Auf dem Heimweg fiel Annie etwas ein. So sehr, dass sie stehen blieb und sich an die Stirn schlug. „Mist, verdammter!"

An Nikita hatte sie gar nicht mehr gedacht. Er glaubte immer noch, dass es das Suppenfahrrad nicht gab. Und das stimmte jetzt sogar!

Eigentlich hatte er sie gar nicht als Freundin verdient, wenn er ihr nicht glaubte. Aber sie hatte sich schon an Nikita gewöhnt. Und er war das einzig nette Kind in der ganzen Schule, so viel war sicher.

Es gab nur eine Lösung: Sie musste ihm beweisen,

dass es das Suppenfahrrad gab. Und dazu musste sie es wiederfinden. Natürlich auch wegen Kurt.

Den ganzen Heimweg hielt Annie Ausschau. Wer weiß, vielleicht lag das Suppenfahrrad irgendwo im Straßengraben. Annies Mutter sagte immer, wenn Annie etwas nicht finden konnte: Augen auf, weit kann es nicht sein.

Na gut, da ging es meistens um Schulbücher oder Stifte. Aber vielleicht funktionierte es beim Suppenfahrrad ja auch.

Dann entdeckte sie etwas, das sie sehr erschreckte: An eine Straßenlaterne angekettet hing ein Fahrrad. Oder besser gesagt, das verbogene Skelett eines Fahrrads. Reifen, Lenker und Sattel fehlten.

Annie erkannte sofort, dass es nicht die Überreste des Suppenfahrrads waren. Trotzdem, der Gedanke, dass Kurts Rad jetzt vielleicht genauso aussah, ließ sie schaudern.

Sie ging weiter und sah alles Mögliche: Plastiktüten, Papiertaschentücher, Bierflaschen, eine kaputte Glasscheibe. Amseln, die im Gebüsch pickten, und sogar eine klitzekleine Maus, die über die Straße lief.

Annie kam nach Hause, ohne das Suppenfahrrad gefunden zu haben. Sie friemelte gerade den Schlüssel ins Schloss, da wurde die Tür aufgerissen.

„Kannst du mir mal verraten, wo du warst?"

„Mama!"

Das Gesicht ihrer Mutter war bleich. Rote Flecken machten sich darin breit. Das bedeutete nichts Gutes.

Annies Hand krampfte sich um den Schlüssel. „Was machst du denn schon hier?", fragte sie. In ihrem Hals bildete sich ein Kloß. Irgendwie war heute kein guter Tag.

„Nikitas Mutter hat mich angerufen."

Annie stand still da.

„Kannst du mir mal erklären, warum er pitschnass nach Hause gekommen ist, wenn ihr angeblich hier wart, um Mathe zu üben?" Sie zupfte an Annies Jacke. „Und du bist auch pitschnass! Jetzt komm schon rein. Und verflixt noch mal, sag doch endlich was!" Sie zog Annie in die Wohnung.

Die Tür knallte ins Schloss.

Den ganzen Tag schon, seit Kurt und das Suppenfahrrad nicht vor dem Supermarkt aufgetaucht waren, hatte Annie diese Traurigkeit mit sich herumgeschleppt.

Jetzt, ohne dass sie etwas dagegen tun konnte, platzte das Paket auf und dicke Tränen kullerten ihr übers Gesicht.

„Na sag mal! Ist etwas passiert? Wo warst du?"

Annie schniefte. „Spazieren. Und ich hatte Streit mit Nikita."

Ihre Mutter nahm sie in den Arm. Dann half sie ihr aus den nassen Klamotten.

Etwas später saß Annie in der warmen Badewanne. Die Tränen liefen nicht mehr und die Kälte wich langsam aus ihren Knochen. Um sie herum knisterten Schaumwolken.

Sie überlegte. Vielleicht konnte ihre Mutter ihr helfen, das Suppenfahrrad zurückzubekommen? Aber sie war sich nicht sicher, ob sie davon erzählen sollte. Erwachsene hatten manchmal komische Meinungen.

Die Polizei konnte man auch nicht um Hilfe bitten. Weil Kurt das ja nicht wollte.

In den Büchern, die Annie gerne las, gab es immer schlaue Kinderdetektive, die den Täter schnell ermittelten. Meistens stellten sie dann noch eine Falle und ertappten ihn auf frischer Tat.

Aber so sehr Annie auch überlegte, ihr fiel nicht ein, wo sie anfangen konnte. Es gab nicht die geringste Spur.

Außerdem war sie alleine. Nikita könnte ihr helfen, wenn er ihr nur glauben würde. Es war zum Mäusemelken.

Annie hielt sich die Nase zu und tauchte unter.

Fahndungsplakate

Am nächsten Morgen hatte Annie Halsschmerzen und kalte Füße. Sie musste nicht zur Schule. Das war ihr ganz recht, denn sie hatte nicht besonders viel Lust Nikita zu sehen.

„Aber du bleibst zuhause, bis ich wiederkomme! Nicht draußen spazieren gehen. Und wenn etwas ist, rufst du mich an", sagte ihre Mutter und küsste sie zum Abschied.

Annie kuschelte sich ins Bett und schlief noch eine Runde. Als sie aufwachte, war die Idee da, so deutlich und klug, dass Annie zu schnell aufsprang und ihr schummerig vor Augen wurde.

Vielleicht sollte sie erst mal etwas essen, bevor sie sich an die Arbeit machte.

Weil sie krank war, genehmigte sie sich einen Waldmeisterpudding zum Frühstück.

Dann malte sie ein neues Bild vom Suppenfahrrad. Diesmal ging es schon schneller als beim letzten Mal. Als die Zeichnung fertig war, schrieb sie in großen Buchstaben darüber:

GESUCHT

Wer hat dieses Fahrrad gesehen?
Bitte melden.

Und ihre Telefonnummer.

Wahrscheinlich wäre es gut, eine Belohnung zu versprechen, aber Annie hatte leider nichts.

Nach dieser Anstrengung zog Annie ihre dicken Ringelsocken an und legte sich auf die Couch. Ihr Hals tat so weh, dass sie kaum schlucken konnte. Draußen rasten die Wolken über den Himmel, als gäbe es irgendwo etwas umsonst. Suppe zum Beispiel. Annie schlief ein und träumte von hüpfenden Erbsen.

Als ihre Mutter von der Arbeit zurück war, gab es Spiralnudeln mit Schlabbersoße. Annies Lieblingsessen. Trotzdem bekam sie nur ein paar Löffel runter.

Auch am nächsten Tag durfte Annie zu Hause bleiben. Aber das Versprechen, nicht draußen herumzulaufen, konnte sie leider nicht halten.

KOPIERSERVICE stand außen an dem Laden, der eigentlich wie ein Kiosk aussah.

Annie ging hinein. Ein Mann mit borstigem Schnurrbart saß hinter dem Verkaufstresen und sah ein Video auf seinem Computer an.

„Guten Tag", sagte Annie.

Er blickte auf und nickte ihr freundlich zu. „Eine bunte Tüte für die junge Dame?", fragte er und deutete auf abgepackte Gummibärchen, Lakritzschlangen und Mäusespeck.

Annie befühlte mit einer Hand das Kleingeld in ihrer Jackentasche. „Vielleicht. Das kommt darauf an, ob ich dann noch was übrig hab." Sie streckte ihm das Bild entgegen. „Ich möchte das gerne kopieren."

„Oh", sagte er. „Das kenne ich."

„Es ist geklaut worden!"

„Das Rad wurde geklaut? Schade. Sehr, sehr, schade."

„Wann haben Sie es denn gesehen?"

„Da war es noch mit Kurt unterwegs. Wie viele Kopien brauchst du?"

Darüber hatte Annie gar nicht nachgedacht. Wie viele Plakate brauchte man wohl, um das Suppenfahrrad zu finden?

„Tausend?", schlug sie vor. „Aber ich habe nur drei Euro achtundzwanzig. Und ich möchte gerne noch eine bunte Tüte dazu."

Der Mann lachte so laut, dass man es bestimmt bis zu Annie nach Hause hören konnte. „Tausend Stück und eine bunte Tüte, ha! Du bist gut!" Er öffnete einen großen grauen Kopierer und legte das Plakat hinein. „Weißt du was? Ich glaube, hundert reichen fürs Erste. Und wenn du die aufgehängt hast und Nachschub brauchst, dann kommst du einfach wieder."

Kurz darauf hielt Annie einen Packen warmer Blätter in der Hand. Sie kramte mit der anderen nach ihrem Geld.

Aber der Mann winkte ab. „Lass nur. Die sind geschenkt. Und hier hast du die bunte Tüte!"

„Danke!", rief Annie.

Das war Glück! Und in der bunten Tüte waren viele saure grüne Schlangen, die Annie besonders mochte.

Annie verplappert sich

Es war gar nicht so leicht, die Plakate an Laternenpfählen und Stromkästen anzubringen. Ständig verdrehte sich das Tesaband und der Papierstapel wurde einfach nicht kleiner. Als Annie am Supermarkt ankam, hatte sie eine Idee: Sie konnte dort Zettel auslegen.

Petra stand im Laden und sortierte die Kisten mit dem Gemüse.

„Hallo", sagte Annie. „Darf ich ein paar davon hierlassen?" Sie hielt Petra das Plakat vor die Nase.

„Ah. Du hast doch neulich nach Kurt gefragt. Ich hab ihn seitdem nicht mehr gesehen."

Annie nickte. „Das Suppenfahrrad ist gestohlen worden."

Petra sortierte gerade Brokkoli aus. Wenn das Suppenfahrrad noch da wäre, würde es bestimmt Brokkolisuppe geben.

„Wahrscheinlich holt er das nicht aus dem Container", sagte Annie.

„Was?", fragte Petra.

„Na, das Gemüse. Ich glaube nicht, dass er sich das holt, weil das Suppenfahrrad doch geklaut ist."

Petra schüttelte den Kopf. An ihren Ohren baumelten diesmal zwei rote Würfel. „Ich versteh nicht, was du meinst."

Annie deutete auf den Brokkoli. „Den schmeißen Sie doch weg, oder? Um Platz für neue Sachen zu machen. Aber Kurt holt ihn diesmal wahrscheinlich nicht ab."

Petras Gesicht verfärbte sich dunkelrot. Sie fasste sich an den Hals. „Du meinst, der hat die Suppe aus unserem Müll gemacht?"

Annie sagte nichts. Vielleicht hatte sie sogar schon zu viel gesagt.

„Oh mein Gott! Ja natürlich. Immer das, was ich vorher aussortiert habe. Die Erbsen, letzte Woche Möhren, davor die Blumenkohlsuppe. Das darf doch nicht wahr sein!"

Petra fuhr herum und ging mit schnellen Schritten davon.

Annie folgte ihr mit etwas Sicherheitsabstand. Das Gefühl, zu viel gesagt zu haben, wurde stärker.

„Michaela! Michaela!" Petra eilte auf eine andere Mitarbeiterin zu. Sie fasste sie am Arm und zog sie zu sich. „Dieser Mann mit dem Fahrrad, der klaut den Müll aus unserem Container. Und daraus macht er dann die Suppe!", flüsterte sie laut.

Michaela zuckte zurück. Sie sah aus, als hätte Petra ihr eine Schlange unter die Nase gehalten. „Nein!", hauchte sie.

Jetzt wurde es Annie zu viel. „Das stimmt doch gar nicht! Kurt hat nichts geklaut. Ihr habt das doch wegge-worfen."

„Das ist trotzdem Diebstahl!", fuhr Petra sie an. Die Würfel hüpften aufgeregt an ihrem Hals.

Michaela schüttelte den Kopf. „Dass wir uns jetzt auch mit solchen Leuten herumschlagen müssen. Dann sollten wir so schnell wie möglich einen Zaun um die Container bauen lassen."

Annie wurde es auf einen Schlag ganz heiß. Einen Zaun! Dann wäre es vorbei mit der Suppe. Und sie wäre schuld. „Ach, das war doch alles nur ein Scherz. Das habe ich mir ausgedacht", sagte sie. Aber ihre Stimme klang dabei ganz komisch und so laut, dass ihr die Ohren davon klingelten.

„Wer's glaubt, wird selig", sagte Petra. „Es passt alles genau: die Erbsen, letzte Woche Möhren, davor die Blumenkohlsuppe ..." Sie legte eine Hand flach auf ihren Bauch. „Mir wird ganz anders!"

Pinkler in Kurts Garten

Obwohl sie nun alle Hoffnung verloren hatte, klopfte Annies Herz wie wild, als am Nachmittag ihr Handy klingelte.

„Guten Tag", sagte eine junge Stimme. „Ich wollte nur fragen, suchen Sie wirklich dieses Fahrrad?"

„Ja natürlich!"

„Ganz ehrlich?"

Annie überlegte fieberhaft. Sie hätte sich doch eine Belohnung ausdenken sollen.

„Haben Sie es denn gesehen?", fragte sie.

„Nein, nein, ich wollte nur wissen, ob es das wirklich gibt."

Jetzt ging Annie ein Licht auf. Die Stimme war ihr gleich bekannt vorgekommen.

„Nikita?"

Am anderen Ende der Leitung herrschte Schweigen.

„Annie? Bist du das?", fragte Nikita schließlich.

„Ja."

„Ach so."

Jetzt glaubte er natürlich wieder nicht, dass es das Suppenfahrrad gab. Kurz hatte er es geglaubt, das hatte Annie genau gehört.

„Du warst nicht in der Schule."

„Ich bin krank." Annie hustete zur Bestätigung. Eigentlich fühlte sie sich schon viel besser.

„Soll ich morgen vorbeikommen und dir die Hausaufgaben bringen?"

Annie spürte ein warmes Gefühl in ihrer Brust. Obwohl Hausaufgaben eigentlich nichts Schönes waren. Aber wenn Nikita vorbeikommen wollte, war das schon schön.

Am nächsten Tag war Samstag und es ging Annie schon wieder richtig gut. Sie war aufgeregt. Erstens, weil Nikita vorbeikommen würde und zweitens, weil sie ihren Plan zur Rettung des Suppenfahrrades weiterführen wollte. Vielleicht könnte Nikita ihr ja helfen, die restlichen Plakate aufzuhängen.

Aber als sie Nikita davon erzählte, war er nicht begeistert von der Idee.

„Hör doch mal auf mit dieser Spinnerei", sagte er.

„Wir gehen einfach zu Kurt. Der kann dir ja dann sagen, dass es das Suppenfahrrad gibt."

Es wurde eh Zeit, dass sie mal wieder nach ihm schaute.

Annies Mutter erlaubte nur widerwillig, dass Annie nach draußen durfte. Schließlich mischte Nikita sich in das Gespräch ein: „Heute herrscht ein hoher Luftdruck, die Temperatur liegt bei vierzehn Grad und es geht kein Wind. Die Regenwahrscheinlichkeit beträgt null Prozent. Zum ersten Mal seit Beginn des kalendarischen Frühlingsanfangs könnte man heute von frühlingshaftem Wetter sprechen."

Darauf wusste Annies Mutter nichts zu sagen und ließ sie gehen.

Auf dem Weg musste Annie sich schwer zusammenreißen. So gerne hätte sie Nikita alles erzählt: vom

Hafen, von dem Kran und wie es dort aussah. Aber sie wollte, dass er richtig überrascht war. Hoffentlich warf Kurt nicht wieder mit Kartoffeln.

An den Möwen konnte man erkennen, dass sie bald da waren. Und heute auch an noch etwas anderem: Es roch nach Wasser, ein dunkelgrüner, kräftiger Geruch.

Nikita wurde unruhig.

„Hier ist ja alles verlassen." Er deutete auf die leere Halle mit den kaputten Fenstern. „Wie soll denn hier einer wohnen?"

„Das wirst du gleich sehen, wart nur ab."

Und dann bogen sie um die Ecke der Lagerhalle.

Diesmal konnte Annie den Anblick viel besser genießen, weil sie nicht erschrak. Und außerdem regnete es nicht.

„Wow", flüsterte Nikita.

Für Annie sah es aus wie eine Filmkulisse: Der Kran, der aus den Sträuchern und Büschen ragte. Das Wasser, das grün im Hafenbecken glitzerte. Die bunte Unordnung rund um die Außenküche.

Erst auf den zweiten Blick bemerkte sie, dass jemand im Garten stand. Kurt war es nicht. Der Jemand stand mit dem Rücken zu ihnen da. Seine Beine waren gespreizt und er lehnte den Oberkörper etwas zurück. Jetzt tauchte ein Strahl zwischen seinen Beinen auf.

„Der pinkelt da hin!", sagte Annie. Sie wollte loslaufen und die Person zusammenstauchen. Aber Nikita packte sie fest am Arm.

„Nicht! Da ist noch einer." Er deutete mit dem Kopf nach oben zum Kran.

Tatsächlich. Auf dem Gitter vor dem Bauch des Krans hockte noch jemand. Es war ein Junge mit einer blauen Kappe auf dem Kopf. Annie schätzte, dass er ein paar Jahre älter war als sie. Und jetzt warf er gerade ein paar Gegenstände vom Kran herunter.

„Die müssen aufhören!" Annie versuchte, sich aus Nikitas Griff zu winden. „Die machen Kurts Sachen kaputt!"

„Warte! Ich kenn die. Mit denen darfst du dich nicht anlegen."

Jetzt drehte sich der Pinkler um. Er war ungefähr zwölf oder dreizehn.

Nikita zog sie schnell hinter die Halle zurück. „Wir müssen ganz leise sein", flüsterte er. „Wenn die uns sehen, dann können wir einpacken!"

„Aber Kurts Sachen ..."

„Was denkst du, was deine Mutter sagt, wenn du mit einem blauen Auge nach Hause kommst?"

Annie wischte sich übers Gesicht. „Du hast recht." Sie streckte vorsichtig ihren Kopf um die Ecke der Halle.

Der Junge mit der Kappe war vom Kran heruntergeklettert. Er sprang wie wild im Gras herum. Annie hörte es klirren.

„Komm, lass uns abhauen. Sonst taucht der Alte noch hier auf", rief der Pinkler.

Der andere lachte noch lauter. „Dann hau ich ihm sein Werkzeug drüber." Aber er hörte auf zu springen und kickte etwas Silbernes von sich weg.

Nikita zerrte an Annies Arm. „Sie dürfen uns nicht sehen", keuchte er.

Annie drehte sich um. Die Jungen würden hier vorbeikommen, das war ganz klar. In ihrem Bauch wirbelte alles durcheinander.

„Hier entlang, schnell!" Nikita rannte los und zog sie mit sich.

„Da runter!"

Annie folgte Nikita unter einen Treppenabsatz. Dort war es dunkel. Es roch nach Rost, alten Steinen und Spinnweben.

Die kaputte Wetterstation

Schon näherten sich die johlenden Stimmen der Jungen. Sie zogen vorbei, ohne die beiden zu bemerken. Annie und Nikita blieben sitzen, bis sie nur noch zwei kleine Umrisse am Ende der Straße erkannten.

Erst dann konnte Annie wieder richtig denken. Es fühlte sich an, als würde in ihrem Gehirn eine Schraube einrasten. Wenn diese Jungs so fies waren und Kurts Zuhause zertrampelten, war ja wohl klar, wer sein Rad gestohlen hatte.

„Wir müssen hinterher. Die haben doch bestimmt das Suppenfahrrad!"

Sie schlüpfte unter der Treppe hervor und wollte losrennen.

„Nein, warte!" Schon wieder hielt Nikita sie fest.

„Komm jetzt, wir müssen sie verfolgen!" Annie zerrte, aber Nikita ließ sie nicht los.

Die Umrisse waren nun nicht mehr erkennbar.

„Wir müssen rausfinden, wo sie wohnen."

„Annie, ich weiß, wo die wohnen", rief er.

Annie stutzte.

„Das sind Malte Keding und Dominik Brabsche. Dominik wohnt nur zwei Häuser von mir entfernt. Und Malte wohnt in der Beckermannstraße."

„Wir sollten sie trotzdem verfolgen!"

„Nein. Ich will erst was nachschauen." Nikita stapfte Richtung Kurts Garten. Er untersuchte den Boden, wo Dominik herumgetrampelt war. Annie beugte sich zu ihm. Aber dort lagen nur ein paar Glassplitter.

„Er hat etwas weggekickt", erinnerte sie Nikita.

Und tatsächlich, ein Stück weiter lag ein Gegenstand im Gras: ein rundes Gerät, das einem Kompass ähnelte. Die Scheibe war zerbrochen, ein Zeiger hing nutzlos herunter.

„Hab ich mir doch gedacht. Ein Barometer", sagte Nikita traurig.

„Ein was?"

„Ein Barometer. Damit misst man den Luftdruck. Ich wette, Kurt hat da oben eine Wetterstation." Er legte das Barometer vorsichtig zurück auf den Boden. Dann lief er zum Kran und begann, die Leiter nach oben zu klettern.

„Hey, warte, das darfst du nicht", schrie Annie. „Da ist doch sein Schlafzimmer!"

Aber Nikita hörte nicht auf sie. Jedes Mal, wenn er einen Fuß aufsetzte, ertönte ein lautes metallenes Geräusch.

Annie wusste nicht, was sie tun sollte. Vielleicht lagen da peinliche Sachen rum. Kurts alte Unterhosen zum Beispiel. Andererseits, wenn Nikita sich dort umsah, wollte Annie das auch.

Also kletterte sie schnell hinterher.

Nikita war schon oben angelangt. Er lief einen Steg mit rostigem Geländer entlang, der sich wie ein Balkon um den viereckigen Bauch des Krans herum zog. Von ganz vorne hatte der Junge das Barometer heruntergeworfen.

Jetzt hatte Annie Nikita eingeholt. Er stand vor einem verbogenen Ding aus Metall.

„Das Thermometer haben sie drangelassen. Aber die

Windrose ist umgeknickt", sagte er. „Kurt scheint genau so ein Wetterfrosch zu sein wie ich. Deshalb weiß er auch immer ganz genau, wann Suppenwetter ist."

Irgendwie ärgerte Annie das. Es fühlte sich an, als würde ihr jemand in den Bauch zwicken. „Kurt misst das nicht. Er hat gesagt, Suppenwetter spürt man einfach so."

Nikita wippte mit dem Kopf. „Jedenfalls war das hier eine Wetterstation. Und jetzt ist sie kaputt."

„Viel schlimmer finde ich, dass sie das Suppenfahrrad gestohlen haben!", sagte Annie patzig. Diese Wettergeschichte ging ihr langsam auf die Nerven.

„Dafür gibt es keine Beweise." Nikita warf ihr einen schnellen Blick zu. „Aber ziemlich sicher hast du recht."

„Heißt das, du glaubst mir endlich?"

Nikita ließ seinen Blick über Kurts Garten schweifen. Von hier oben hatte man eine tolle Aussicht. Man konnte genau sehen, wie viel Mühe sich Kurt mit seinen Gemüsebeeten gegeben hatte.

„Ja, schon. Und ich würde es wirklich gerne selber sehen."

„Dann müssen wir es eben wiederbekommen. Wir müssen die beiden beschatten. Und dann holen wir das Suppenfahrrad zurück!" Annie ballte die Fäuste.

Nikita hatte wie immer Einwände. „Ich weiß nicht, Annie. Du kennst die nicht. Mit denen sollte man sich lieber nicht anlegen."

„Wieso denn? Was ist mit diesen Jungen?"

„Die sind einfach total gemein!"

„Haben die dir auch was getan?"

Nikita starrte stur nach unten auf die struppige Wiese.

Dann hatte Annie plötzlich eine Eingebung. „Die haben deine Wetterstation kaputt gemacht?"

Nikita biss sich auf die Lippen und schüttelte den Kopf. Er drehte sich um, stapfte den Steg entlang und kletterte die Leiter hinunter.

„Warte! Sollen wir nicht kurz überprüfen, ob sie hier auch etwas kaputt gemacht haben?" Annie beeilte sich, ihn einzuholen. Er marschierte über die Wiese in Richtung Halle.

„Wir können doch nicht einfach gehen. Lass uns wenigstens einen Zettel für Kurt schreiben oder so."

Zögernd blieb Nikita stehen. „Na gut."

Sie mussten etwas länger suchen, bis sie auf Kurts Werkbank ein Stück Pappe und einen Bleistift fanden.

„Hmm, was sollen wir eigentlich schreiben?", fragte Annie.

Nikita zuckte die Schultern. Dann hellte sich sein Gesicht auf. „Wir schreiben ihm einfach, wie die beiden heißen und was sie gemacht haben. Dann kann er nämlich zur Polizei gehen und Anzeige erstatten."

Annie schüttelte den Kopf. „Das geht leider nicht. Kurt möchte nichts mit der Polizei zu tun haben."

Nikita zuckte die Schultern. „Schade. Dafür, dass sie seine Wetterstation zerstört haben, hätten sie richtig Ärger verdient."

Wieder spürte Annie das Zwicken in ihrem Magen. Nikita war wirklich verrückt nach dieser Wettergeschichte. Dabei war das Suppenfahrrad viel wichtiger.

„Dann schreib einfach, dass wir diese Jungen beobachtet haben und dass es uns leidtut", schlug Nikita vor.

Lieber Kurt,
wir wollten dich besuchen. Da waren 2 Jungs, die deine Wetterstation kaputt gemacht haben.

Jetzt mischte Nikita sich ein. „Sein Barometer. Und die Windrose!"

„Egal", sagte Annie ärgerlich. Warum hatte sie Nikita überhaupt mitgebracht?

Wahrscheinlich haben sie auch
das Suppenfahrrad!
Wir werden sie beschatten!

Nikita schnaubte.

Annie strich das *wir* durch und schrieb ein *ich* darüber.

Bald komme ich dich wieder besuchen.
Annie

„Meinen Namen hättest du ruhig auch darunterschreiben können", sagte Nikita.

„Du willst das Suppenfahrrad ja nicht wiederfinden."

„Aber ich will Kurt besuchen. Andere Wetterfrösche trifft man nicht oft."

Wer ist Wolke?

Auf dem Nachhausweg schwiegen Annie und Nikita die meiste Zeit. Annies Bauch zwickte. So schlecht hatte sie sich seit dem Tag, an dem sie Kurt kennengelernt hatte, nicht mehr gefühlt. Und überhaupt, wo war Kurt? Die beiden Jungen konnten sich schließlich nur dort austoben, weil er nicht da war.

Aber natürlich saß er nicht den ganzen Tag auf seinem Kran. Und Schnauzbart hatte bestimmt das Weite gesucht.

Kurz vor der Kreuzung, an der Nikita in die eine Richtung ging und Annie in die andere, fiel ihr etwas ein. „Du musst mir noch zeigen, wo die beiden wohnen."

Nikita blieb stehen. „Annie, wirklich, mit denen ist nicht zu spaßen."

„Dann sag mir doch wenigstens, was sie gemacht haben."

Nikita schwieg und starrte auf den Boden. Dann holte er tief Luft. „Sie haben Wolke ermordet."

Annie konnte nicht anders. Sie stieß ein Prusten aus. Nikita immer mit seinem Wetter.

„Wie soll das denn gehen?", fragte sie.

Nikita sah sie an. Er war ganz weiß im Gesicht. „Wolke war mein Meerschweinchen."

Er ging langsam weiter. Dabei ließ er den Kopf hängen, als würde er sich gleich auf dem Boden zusammenrollen und nicht mehr aufstehen.

Annie spürte, dass sie rot wurde. „Es tut mir leid. Das wusste ich nicht!"

Nikita sagte nichts.

„Wie ist es denn passiert?" Ihre Fingerspitzen kribbelten. Vielleicht wollte sie das gar nicht wissen.

Nikita räusperte sich. Es hörte sich so an, als wollte er etwas sagen, aber dann schüttelte er nur den Kopf.

Annie trottete stumm neben ihm her. Mittlerweile gingen sie in seine Richtung.

Irgendwann blieb Nikita stehen. „Hier wohnt Dominik."
Er deutete auf ein gelbes Haus.

Annie nickte.

„Aber versprich mir, dass du dich nicht mit denen
anlegst." Nikita sah sie an. Seine Augen waren rot und
sein Kinn zitterte.

Annie nickte. „Versprochen."

Zumindest für heute.

Wetterfrösche unter sich

Am Montag in der Schule hatte Nikita wieder ein Briefchen für sie. Den Zettel gab er aber nicht durchs Klassenzimmer, sondern legte ihn vor der ersten Stunde auf Annies Tisch.

Das war so:
Wolke war im Garten im Außengehege.
Ich hab sie nur ganz kurz alleine gelassen.
Dann war sie weg. Dominik und Malte haben sie in eine Schachtel gesperrt. Sie wollten 50 Euro Lösegeld! So viel hatte ich nicht.

Ich habs bei meiner Mutter aus dem Geld-
beutel gestohlen. Dann hab ich die Schachtel
wiederbekommen. Aber Wolke war tot.
Wir dürfen uns nicht mit denen anlegen!

Den letzten Satz hatte Nikita dick unterstrichen.

Annie musste tief Luft holen. Ein Kloß wanderte in ihrem Hals nach oben. Dominik und Malte waren Mörder!

Als Nikita am Nachmittag bei ihr vor der Tür stand, trug er einen großen Pappkarton vor sich her.

„Was ist das denn?"

Nikita wurde rot. „Das ist eine Überraschung für Kurt. Weil sie seine Wetterstation kaputt gemacht haben."

Annie spürte wieder dieses Zwicken im Magen. Aber sie beachtete es einfach nicht. Schließlich war Nikitas Meerschweinchen ermordet worden.

Weil Nikita den Karton balancieren musste, kamen sie nur langsam voran.

Eine bestimmte Frage ging Annie nicht aus dem Kopf.

„Wie genau haben sie Wolke eigentlich umgebracht?"

Nikita starrte geradeaus auf die Straße. „Sie war einfach tot. Meerschweinchen sind sehr schreckhaft. Wahrscheinlich ist sie vor Angst gestorben, weil diese Idioten die Schachtel geschüttelt haben oder so." Er schniefte trotzig.

Annie ballte die Fäuste. „Man sollte es ihnen heimzahlen!"

Nikita schüttelte den Kopf. „Das mit Wolke ist jetzt ein Jahr her. Ich denke, die beiden haben es längst vergessen."

„Warum hast du es nicht deiner Mutter gesagt?"

„Weil ich das Geld gestohlen hatte. Ich hab einfach gesagt, sie wäre abgehauen, ohne dass ich was gemerkt habe."

Annie nickte. Es war verzwickt.

Kurt saß auf einem Klappstuhl, der aussah, als würde er gleich zusammenbrechen, und schaute über das Wasser. Neben ihm stand eine Flasche Bier. Er bemerkte nicht, dass Annie und Nikita sich näherten, bis Annie seinen Namen rief.

Dann drehte er sich um und nickte.

„Hallo Kurt! Wie geht es dir?"

Kurt griff nach der Flasche und trank einen Schluck.

„Das ist Nikita. Ein Freund von mir."

Kurt nickte Nikita zu.

„Er war gestern auch hier und hat alles beobachtet", sagte Annie. Sie trat von einem Bein aufs andere. Warum sagte Kurt denn nichts?

„Ich hab Ihnen etwas mitgebracht." Nikita trat einen Schritt auf Kurt zu und hielt ihm den Karton hin.

„Was ist das?", fragte Kurt.

„Ein Ersatz für das Barometer. Und die Windrose", sagte Nikita.

Weil Kurt sich immer noch nicht rührte, stellte er die Schachtel auf dem Boden ab und setzte sich auf eine der Schienen.

Behutsam öffnete er die Kiste und holte ein großes Glas heraus, das oben mit Gummi bespannt war. Daran klebte ein Holzstab, der auf eine Skala zeigte. „Ich weiß, so genau wie die richtigen Barometer können die selbst gemachten den Luftdruck nicht anzeigen. Aber sie funktionieren ganz gut."

Kurt schaute ihn verblüfft an. Sein Gesicht sah auf

einmal ein bisschen weniger zerknittert aus und die Sonne um seine Augen war fast wieder da.

Annie wusste nichts mit sich anzufangen. Sie setzte sich neben Nikita auf die Schiene.

„Hast du das gebaut?", fragte Kurt.

Nikita nickte. „Und hier, ein Becherwindrad." Jetzt holte er ein Gestänge aus dem Karton. Vier Stäbe, die wie ein Kreuz auf einen dickeren Stab gesteckt worden waren. Daran klebte jeweils ein ausgespülter Joghurtbecher. Kaum hatte Nikita es aus der Kiste gehoben, fing das Gebilde an, sich zu drehen.

Kurts Augen strahlten. „Immer 'ne steife Brise hier am Hafen."

Wut im Bauch

Kurze Zeit später waren Kurt und Nikita in ein Gespräch über Wind, Luftdruck und Wolken vertieft. Annie kam sich vor, als wäre sie gar nicht da. Wobei das Zwicken in ihrem Magen ihr ganz deutlich sagte, dass sie da war. Schnauzbart war der Einzige, der sie beachtete. Sein Schnurren klang wie ein Rasenmäher.

Kurt hatte noch kein einziges Wort mit ihr geredet. Und eine Sache schien er völlig vergessen zu haben.

„Kurt, wir haben doch gestern diese beiden Jungen beobachtet", sagte Annie, als Nikita und Kurt schwiegen und mit zurückgelegten Köpfen in die Wolken starrten.

„Hmm?" Kurt sah sie blinzelnd an. „Ach ja. Danke für die Nachricht. Hab mich trotzdem wahnsinnig aufgeregt."

Das konnte Annie sich gut vorstellen. „Das Beste ist, dass wir wissen, wo diese Jungen wohnen. Die haben bestimmt auch dein Suppenfahrrad gestohlen. Wir könnten sie beschatten." Sie spürte, wie Nikita sich unruhig neben ihr bewegte.

Um Kurts Augen wurde es wieder dunkler. Er schüttelte den Kopf. Dann stand er auf und zog an einem Seil, das von einem gelbschwarzen Poller ins Wasser hing. Eine Plastiktüte tauchte auf, aus der sich Kurt noch eine Flasche Bier fischte. „Mein Kühlschrank", erklärte er, setzte sich wieder und trank einen tiefen Schluck.

Annie hielt es vor Ungeduld kaum aus. „Hast du nicht gehört? Wir können das Suppenfahrrad zurückholen!"

Kurt schüttelte den Kopf. „Hat sich ausgesuppt. Es gibt jetzt einen Zaun um den Container."

Annie fühlte sich, als hätte ihr jemand in den Magen geschlagen. Der Zaun war wirklich da. So schnell! Und es war ihre Schuld.

Kurt sah jetzt richtig wütend aus. Seine Mundwinkel hingen wie gebogene Messer nach unten. Er nahm noch einen Schluck Bier und starrte aufs Wasser. „Alles hin-schmeißen müsste man."

Eine Weile sagte niemand etwas. Annie wäre am liebsten im Boden versunken.

„Sollen wir die aufbauen?", fragte Nikita irgendwann und zeigte auf das Barometer und das Becherwindrad.

Die Wolken verzogen sich langsam von Kurts Gesicht. „Gerne."

Die beiden sprangen auf und trugen die Gerätschaften zum Kran. Auch Annie erhob sich langsam. Sie fühlte sich wie taub, nur das Stechen in ihrem Bauch war da, fest und bohrend.

Kurt und Nikita stiegen die Leiter nach oben.

„Kommst du?", rief Nikita auf halber Strecke.

Annie schüttelte den Kopf. „Ich geh nach Hause."

„Was? Bist du sicher?"

Annie nickte.

„Okay, dann bis morgen", rief Nikita und kletterte weiter.

Annies Plan

Auf dem Heimweg sah Annie nicht nach links und nicht nach rechts. Ihr Kopf fühlte sich wie eine schwere Eisenkugel an.

Und ihr Bauch zwickte nicht mehr, er brannte. Sie hatte alles vermasselt. Sie hatte dafür gesorgt, dass der Zaun gebaut wurde. Und sie hatte Nikita zu Kurt gebracht. Das hätte sie nie tun dürfen.

Sie trat gegen einen Stein und fluchte. Blöder Nikita. Kurt war doch ihr Freund gewesen. Nikita hatte ja nicht mal an das Suppenfahrrad geglaubt. Und jetzt schnappte er ihn ihr einfach weg mit diesem blöden Wetter!

Annie ging nicht direkt nach Hause, sondern zuerst zum Supermarkt. Tatsächlich, um die Müllcontainer stand jetzt ein stabiler Eisenzaun. Sogar mit Gitterdach.

Zu Hause fing Annie Streit mit ihrer Mutter an. Das Abendessen schmeckte nicht und sie hatte noch immer nicht ihre Bücher ins Regal einsortiert. Dabei war ihre Mutter genauso lahm mit dem Kisten auspacken.

„Ich muss unsere ganze Wohnung einrichten. Du nur dein eigenes Zimmer", schimpfte sie.

„Ist mir doch egal!", brüllte Annie und knallte die Tür so fest zu, dass das leere Regal wackelte.

Am nächsten Morgen wachte Annie noch vor ihrer Mutter auf.

Sofort setzte sie sich an den Schreibtisch. Sie hatte einen Plan und den musste sie aufschreiben.

- Malte und Dominik beschatten
- das Suppenfahrrad wiederbekommen
- den Zaun abschaffen
- Kurts Freundschaft zurückgewinnen

Der erste Punkt war ganz klar. Und der zweite auch. Die beiden Jungen würden sie garantiert zum Suppenfahrrad führen. Und sie würde es Kurt zurückbringen. Für den Zaun musste sie noch eine Lösung finden. Und dann wäre Punkt vier auch erledigt.

Und Nikita? Der konnte ihr gestohlen bleiben mit seiner Dazwischen-Drängelei!

In der Schule versuchte Annie, Nikita nicht zu beachten. Das war gar nicht so einfach, weil ihr schon bei dem Gedanken daran, wie er und Kurt gestern auf den Kran geklettert waren, ganz heiß vor Wut wurde. Trotz Igelpony. Am liebsten hätte sie laut brüllend sein Pult umgeworfen. Stattdessen marschierte sie ins Klassenzimmer und schnurstracks an ihm vorbei.

„Hallo Annie", hörte sie seine Stimme in ihrem Rücken, aber sie sah ihn gar nicht an.

Den Zettel, den er ihr in der zweiten Stunde schrieb: *Gehen wir heute wieder zu Kurt?*, ignorierte sie einfach.

Ein gefährlicher Feind

Am Anfang einer Beschattung muss die Umgebung genau erkundet werden. Also starrte Annie eine Weile auf das gelbe Haus. Natürlich konnte sie nicht erkennen, hinter welchem der Fenster Dominik wohnte. Aber dann kam ihr eine Idee: Sie kannte ja seinen Nachnamen.

Also schlenderte Annie unauffällig zum Hauseingang, um das Klingelschild zu untersuchen. Dafür musste sie erst einen kleinen Treppenabsatz nach oben steigen.

Brabsche stand auf der linken Seite an dritter Stelle. Er wohnte also im zweiten Stock. Gerade wollte sie wieder auf die andere Straßenseite gehen, da flog die Haustür auf.

Erschrocken stieß Annie einen kleinen Schrei aus. Vor ihr stand Dominik! Er kam ihr viel größer vor als am Hafen.

„Was machst du hier?", herrschte er Annie an.

Ihr Herz schlug einen Salto. „Ähm", stammelte sie.

„Was du vor meiner Tür machst! Klingelstreiche oder was?" Er trat einen Schritt auf sie zu.

Sie konnte seinen Kaugummiatem riechen. „Ich wollte jemanden besuchen."

„Ach ja? Wen denn? Ich hab dich hier noch nie gesehen!"

Jetzt reichte es Annie. Er mochte vielleicht groß sein, aber er war nicht der König dieser Haustür. „Das geht dich überhaupt nichts an!", rief sie und ballte die Fäuste.

Dominik hörte auf seinen Kaugummi zu bearbeiten und starrte sie mit offenem Mund an. Dann ging alles sehr schnell. Er packte Annie am Kragen ihrer Jacke und stieß sie nach hinten. Ihr Rücken schlug gegen das Treppengeländer.

Sein Gesicht war ganz nah vor ihrem. „Ich weiß nicht, wer du bist, aber für mich bist du nur ein kleiner Fliegenschiss. Und ich würde dir nicht raten, hier noch mal aufzutauchen." Er sprach ganz leise. „Sonst knallt's!" Beim letzten Wort ließ er sie los.

Pfeifend stieg er auf ein BMX-Rad und fuhr davon.

Tränen liefen über Annies Wangen. So etwas war ihr noch nie passiert. Sie sank auf die Treppenstufen und presste eine Hand in den schmerzenden Rücken.

„Annie?", sagte eine ungläubige Stimme.

Annie konnte nur eine verschwommene Gestalt erkennen, so sehr musste sie weinen. Schon war jemand neben ihr. Eine Hand lag auf ihrer Schulter.

„Annie? War das Dominik? Hat er dir etwas getan?"

Die Stimme gehörte zu Nikita. Annie nickte. Dann fiel ihr ein, dass sie mit Nikita zerstritten war. Er wollte nicht mitbeschatten. Nur deshalb hatte das passieren können. Nikita hätte bestimmt gewusst, in welchem Stock Dominik wohnte. Schnell wischte sie sich die Tränen aus dem Gesicht und zog den Rotz hoch.

Jetzt konnte sie Nikita erkennen. Und auch das, was er in der Hand hatte. Wieder so ein Wetterdings.

„Gehst du zu Kurt?", fragte sie.

Nikita nickte. „Ja. Komm doch mit."

Annie schüttelte den Kopf. Sie stand auf und ging die

drei Stufen hinunter. Dabei tat ihr Rücken ein bisschen weh, aber sie biss die Zähne zusammen. „Du kannst Kurt ausrichten, dass ich sein Suppenfahrrad finden werde."

Und dann konnte Nikita einpacken, mit seinen blöden Wettergeschenken.

Nikita sprang auf. „Aber du hast doch gesehen, wozu dieser Typ fähig ist! Was ist denn überhaupt passiert?"

Annie drehte sich um und ging in die Richtung, in die Dominik gefahren war. „Das braucht dich gar nicht zu interessieren."

„Ich dachte, wir sind Freunde."

„Das dachte ich auch!", brüllte sie und rannte los. Schon wieder liefen ihr Tränen über das Gesicht.

An der nächsten Kreuzung blieb sie stehen. Sie hatte keine Ahnung, wo Dominik hingefahren war. Und es war ihr auch egal, denn die Beschattung war für heute zu Ende. Immerhin hatte sie zwei Dinge herausgefunden:

Erstens: Dominik wohnte im zweiten Stock.

Zweitens: Er war wirklich gefährlich.

Die Beschattung

Am nächsten Tag war Annie schlauer. Sie versteckte sich in einem Gebüsch gegenüber von Dominiks Haus. Dort roch es zwar nach Hundedreck, aber das war ihr lieber, als wieder ertappt zu werden. Außerdem hatte Annie vor dem Gebüsch ihr Fahrrad abgestellt. So konnte er ihr nicht durch die Lappen gehen.

Am Himmel hingen Wolken, so dick und schwer, dass es aussah, als lägen sie auf den Hausdächern. Typisches Suppenwetter. Kurt und Nikita saßen jetzt bestimmt in der Außenküche und schlürften heiße Suppe. Alle zwei Minuten schaute Annie auf ihre

Handyuhr. Beschatten hatte sie sich ein bisschen spannender vorgestellt.

Endlich ging die Tür auf. Annies Herz machte einen Hopser. Sie duckte sich ganz tief in das Gebüsch.

Aber es war gar nicht Dominik, es war eine Frau, die gerade aus dem Haus trat. Eine Frau, die Annie kannte: Petra aus dem Supermarkt. Die blöde Petra, die sich Kurts Suppe hatte schmecken lassen und dann dafür gesorgt hatte, dass der Zaun gebaut wurde. Sie ging direkt an Annies Busch vorbei, so nah, dass Annie einen Hauch Blumenparfüm riechen konnte.

Kurze Zeit später ging wieder die Haustür auf. Diesmal war es Dominik.

Eine heiße Welle der Wut durchzuckte Annie. Am liebsten hätte sie sich nach der Hundekacke gebückt und ihm das braune Zeug ins Gesicht geschmissen. Aber sie riss sich zusammen. Rache schmeckte am besten eisgekühlt. Oder noch besser, warm wie die Suppe, die sie bald wieder aus dem Suppenfahrrad essen würde. Ha!

Dominik schwang sich auf sein BMX-Rad und strampelte die Straße herunter.

Annie kämpfte sich aus dem Gestrüpp und stieg auf ihr Rad. Dominik war schon einige Häuser weit entfernt. Das war auch gut so, schließlich sollte er sie nicht bemerken.

Annie kam sich vor wie eine Geheimagentin. Sie musste höllisch aufpassen, genau das richtige Tempo zu halten. Nicht zu langsam, sonst könnte er entkommen. Und nicht zu schnell, damit er sie nicht bemerkte, wenn er sich umdrehte.

Als er abbog, verlor sie ihn kurz aus den Augen. Sie trat in die Pedale. Vor ihr lag die Straße. Von Dominik war nichts zu sehen.

„Mist!" Also war sie doch zu langsam gewesen. Mit weichen Knien stieg sie ab und schob ihr Rad den Gehsteig entlang. Wenn er irgendwo herausgesprungen kam, könnte sie ja schnell aufsteigen und abhauen.

Sie krallte ihre Hände fest um den Lenker. Schon wieder hatte sie die Beschattung vermasselt.

Aber dann hörte sie ein Lachen aus einer Einfahrt. Annie erkannte es sofort wieder. Genau so hatte es sich am Hafen angehört, als Dominik und Malte in Kurts Garten gewütet hatten.

In ihrem Bauch rumorte es. Sie hatte die beiden gefunden.

Die Gasse führte in einen Hinterhof, in dem sie Mülltonnen und Fahrradständer sah, nicht aber Dominik und Malte.

Es hatte keinen Zweck. Sie musste sich hineinwagen. Also schloss Annie ihr Rad mit zitternden Händen an der nächsten Laterne ab. Sie schlich zur Einfahrt und schob sich an der Hauswand entlang immer weiter vor. Am Ende der Wand hinter der Ecke mussten die beiden sitzen. An der Mauerkante blieb sie stehen. Jetzt konnte sie Dominiks Stimme erkennen. Aber sie verstand nicht, worüber er redete. Nur, dass er ziemlich oft „ey" und „Alter" sagte. Dazwischen lachten die beiden immer wieder.

Annie überlegte, was sie tun sollte. Von ihrem Lauschposten aus konnte sie die beiden nicht sehen. So machte die Beschattung wenig Sinn. Genau genommen könnten Dominik und Malte um die Ecke auch damit beschäftigt sein, das Suppenfahrrad auseinanderzuschrauben. Annie würde es nicht bemerken.

Gerade, als sie sich noch ein Stück nach vorne schob, wurde im gegenüberliegenden Haus ein Fenster geöffnet. Ein Mädchen mit wilden Locken streckte ihren Kopf nach draußen und deutete in Annies Richtung. „Hey, Jungs, da spioniert jemand."

Annie zuckte zusammen. Einen Moment lang fühlte es sich so an, als wollten ihre Beine unter ihr wegknicken. Dann drehte sie sich um und rannte los.

Dem Suppenfahrrad auf der Spur

Schritte donnerten hinter ihr über den Asphalt. Jemand schrie.

Annie rannte zwischen zwei Autos durch und quer über die Straße. Auf der anderen Seite lag ein kleiner Park. Dort konnte sie sich vielleicht verstecken. Sie spürte ihre Verfolger dicht hinter sich. Ihre Füße berührten gerade das weiche Gras, als sie an der Jacke gepackt und zu Boden gerissen wurde. Annie wollte schreien, aber der Aufprall hatte sämtliche Luft aus ihrer Lunge gepresst.

Jetzt wurde sie grob hochgezerrt. Wieder war Dominiks Gesicht vor ihr, wieder roch sie seinen Kaugummiatem, wieder spürte sie Schmerzen im Rücken, als er sie gegen einen Baum drückte.

„Das ist die, von der ich erzählt hab." Kleine Spucketropfen landeten in Annies Gesicht. Dominik trat einen Schritt zurück. Malte stand neben ihm.

Von hinten kam das Lockenmädchen angerannt. „Wer ist das denn?", rief sie.

„So eine kleine Mistblage, die gestern schon vor meiner Tür rumgehangen hat." Dominik schüttelte Annie hin und her.

„Und was will sie?", fragte das Mädchen und lugte über Dominiks Schulter auf Annie herunter wie auf ein seltenes Tier.

„Gute Frage." Dominik schüttelte sie wieder. Jedes Mal schlug Annies Rücken gegen den Baumstamm.

Sie musste daran denken, dass die beiden Wolke umgebracht hatten. Wenn Annie jetzt starb, würden sie sie wahrscheinlich im Park verscharren.

„Warum spionierst du uns hinterher?", brüllte Dominik ganz nah vor ihrem Gesicht. Annie würde nie wieder Erdbeerkaugummi essen.

„Sag schon, sonst hast du die nächsten Jahre nicht viel zu lachen!"

Annie dachte an dunkle, kalte Erde und an Würmer, die sie auffressen würden. „Das Suppenfahrrad. Ich will nur das Suppenfahrrad wiederhaben."

Die drei schauten sie an, als hätte sie sich plötzlich in einen Elefanten verwandelt.

„Woher weiß sie denn das?", rief das Lockenmädchen.

Dominik lockerte seinen Griff ein wenig und drehte sich zu ihr um. „Du blöde Kuh, sie weiß gar nichts! Sie kann gar nichts wissen."

„Vielleicht schleicht sie euch ja schon länger hinterher."

Dominik schüttelte den Kopf. „Da war niemand. Da bin ich mir ganz sicher. Überhaupt, es war Nacht. Kleine Mädchen dürfen nachts nicht draußen sein, stimmt's?" Er drückte Annie wieder fester gegen den Baum.

Sie nickte. Ihr Herz trommelte in ihrem Brustkorb. Wahrscheinlich hatte es gerade erst wieder angefangen zu schlagen und musste jetzt alles nachholen.

Dominik lächelte. „Na gut. Du willst also dieses bescheuerte Fahrrad wiederhaben. Aber was gibst du uns dafür?"

Annies Gedanken rasten in ihrem Kopf hin und her. Erde, Würmer, Suppenfahrrad. Sie hatten tatsächlich das Suppenfahrrad! Aber was zum Teufel sollte sie ihnen geben?

„Eine Wetterstation", rief sie, weil ihr Nikitas Barometer durch den Kopf gepingpongt war.

Wieder starrten die drei sie verwirrt an.

Malte schnaubte. „Dieser Mistkäfer scheint irgendwie nicht ganz dicht zu sein."

„Das war doch schon klar, als sie uns hinterherspioniert hat." Dominik schwieg einen Moment. „Also pass auf. Wir können mit einer Wetterstation wirklich gar nichts anfangen. Ich weiß nicht mal, was das ist."

„Das ist so ein Ding, mit Thermometer, Windrad, Barometer und so weiter", erklärte das Lockenmädchen.

„Halt die Klappe", fuhr Dominik sie an. Er ließ Annie los und wischte sich mit der Hand über die Stirn. „Bin ich denn nur von Idioten umgeben?"

Das Mädchen verzog beleidigt das Gesicht.

„Also, pass auf, Mistkäfer. Wir wollen keine Wetterstation. Wir wollen etwas, das was wert ist. Geld. Und zwar nicht nur ein paar Münzen. Oder hast du eine Playstation?"

Annie schluckte. Eine Playstation kostete doch Hunderte von Euro! Sie schüttelte den Kopf.

„Schade. Dann lass dir was einfallen. Du hast bis übermorgen Zeit." Jetzt packte er Annie wieder und schob sein Gesicht ganz nah vor ihres. „Wehe, du erzählst jemand davon. Wir treffen uns am Freitag um 19 Uhr am Supermarkt. Und jetzt hau ab!"

Annie stolperte mit zitternden Beinen davon.

Erst als sie schon halb durch den Park war, fiel ihr ein, dass ihr Fahrrad noch vor der Einfahrt stand. Sie konnte doch jetzt auf keinen Fall wieder dort hin! Aber es blieb ihr nichts anderes übrig. Sie schlich zurück, schnappte sich das Rad und trat in die Pedale wie bei einem Rennen. Niemand folgte ihr. Wenigstens diesen Teil hatte sie geschafft.

Kurz bevor sie zuhause ankam, platzten die Wolken. Dicke Tropfen schlugen Annie ins Gesicht. Sie war froh, dass sie noch lebte. Dann musste sie wieder an Kurt und seine Ofenbank denken. Ein warmes Gefühl machte sich in ihrem Inneren breit. Bald würde sie auch wieder Suppe essen. Sie wusste zwar noch nicht wie, aber sie würde das Suppenfahrrad zurückbekommen!

Kurt will weg

Eigentlich hatte Annie sich vorgenommen, Nikita weiter zu ignorieren. Wenn sie dann mit dem Suppenfahrrad angefahren kam, dann würde Kurt sich daran erinnern, mit wem er eigentlich zuerst befreundet gewesen war. Nikita durfte natürlich trotzdem dabei bleiben. Schließlich war er sehr nett. Nur über das Wetter sollte er nicht mehr so oft reden. Aber bis es so weit war, wollte sie ihn lieber ignorieren.

Leider ging das gar nicht so einfach, vor allem, weil Nikita sie jetzt auch ignorierte.

Er starrte, als Annie ins Klassenzimmer kam, einfach

auf die Tischplatte. Trotzig stapfte sie an ihm vorbei. Mal sehen, wer es besser konnte. Um das zu überprüfen, musste sie während der Stunde immer wieder unauffällig zu ihm rüberschielen. Und irgendwann begriff Annie, dass Nikita sie gar nicht ignorierte. Sondern dass er traurig war.

In der Pause saß er alleine auf einem Mäuerchen und stierte auf den Boden.

Annie ging zu ihm. „Am Himmel hängen heute übrigens diese kleinen Wolken, die aussehen wie Federn. Oder liest man seit Neuestem das Wetter von der Erde ab?"

Nikita legte seinen Kopf in den Nacken. Er musste die Augen ein bisschen zusammenkneifen. „Die nennt man Zirruswolken."

Annie setzte sich neben ihn. „Ist was los?"

Er zuckte die Schultern. „Ich hatte noch nie viele Freunde. Eigentlich überhaupt keine. Also ist es auch egal, wenn jetzt alle wieder weg sind."

Annie schluckte. „Was meinst du denn mit *weg*?"

„Na weg. Du bist nicht mehr meine Freundin. Und Kurt ist bald nicht mehr da."

Sie hatte es geahnt. „Wieso denn nicht mehr da?", flüsterte sie.

„Weil er wegziehen will. Wegen dem Suppenfahrrad. Und wegen diesem Zaun. Du hättest ihn gestern sehen sollen. Er war so wütend. Es hat überhaupt keinen Spaß bei ihm gemacht. Nicht mal übers Wetter wollte er reden."

Annie wusste nichts mehr zu sagen. Das Suppenfahrrad konnte sie vielleicht wiederbekommen. Aber der Zaun. Den hatte sie ganz vergessen.

„Aber Kurt kann doch auch zu einem anderen Supermarkt fahren."

„Wie denn, ohne Rad?"

Bis es gongte, blieben sie still nebeneinander sitzen.

Um nicht ständig düstere Gedanken hin und her wenden zu müssen, packte Annie zu Hause endlich die Kartons aus. Sie räumte Bücher ins Regal und Spiele in eine Holzkiste. Ihre alten Stofftiere kamen ihr heute sehr kindisch vor. Warum hatte sie die überhaupt mitgenommen?

In einem Karton fand sie ihre Schlittschuhe. Die konnte sie nun wirklich nicht gebrauchen. Wobei, sie konnte Nikita fragen, ob es manchmal vorkam, dass im Frühjahr Seen zufroren.

Fürs Erste trug sie die Schlittschuhe in die Garage. Dort lagerten sie alles Mögliche, was man in der Wohnung nicht unbedingt brauchte. Es roch staubig und ein bisschen nach Öl, als Annie das Tor hochzog. Das Auto war mit ihrer Mutter unterwegs. In der Ecke stand ein Schrank und daneben, unter einer grauen Plane, das Mountainbike ihrer Mutter.

Annie packte die Schlittschuhe in den Schrank. Dann blieb sie vor der unförmigen Plastikhülle stehen. Ein Plan fing in ihrem Kopf an zu reifen.

Annie hatte nicht nur ihr Zimmer aufgeräumt, sondern auch die Hausaufgaben gemacht und den Tisch gedeckt.

Ihre Mutter machte ein Gesicht, als würde eine Ente vor ihr Limbo tanzen.

Später beim Essen lächelte sie immer noch. „Weißt du was?" Sie legte ihr Besteck zur Seite. „Ich hatte ein schlechtes Gewissen, wegen des Umzugs. Und jetzt klappt alles so gut. Vielleicht brauchst du gar keinen Hortplatz, was meinst du?"

Annie wusste gar nicht, was sie dazu sagen sollte. Einerseits wurde ihr von dem Lob ganz warm ums Herz.

Andererseits hing das mit dem Hort ein bisschen davon ab, wie es mit Nikita und Kurt werden würde. Denn ohne Freunde immer alleine zu Hause wäre nicht so schön. Trotzdem nickte sie.

„Und weißt du, was noch?"

Annie schüttelte den Kopf.

„Inga hat gestern angerufen. Sie ist Freitagabend in der Stadt und wollte mit mir ausgehen. Ich hab natürlich abgesagt, weil ich dich nicht alleine lassen wollte. Aber jetzt, wo du so vernünftig bist, überlege ich, ob das nicht klappen könnte?"

Annie verschluckte sich fast an ihrem Pfannkuchen. Freitagabend? Perfekt!

„Du wirst ja ganz rot, stimmt etwas nicht? Du könntest auch jederzeit zu Frau Bröckelmeier, wenn etwas ist. Und um zehn bin ich wieder da, versprochen."

„Ja, ja, alles in Ordnung. Ich freue mich nur, dass du Inga sehen kannst."

Inga war die beste Freundin von Annies Mutter und normalerweise freute Annie sich wirklich, denn Inga brachte immer tolle Geschenke für sie mit. Richtig gute Sachen, zu Beispiel beim letzten Mal ein Diabolo. Aber um die Geschenke ging es ihr im Moment nicht.

Ihre Mutter strahlte. „Toll, dann ruf ich sie nachher gleich an."

Annie tat so, als würde sie ganz normal weiteressen, dabei konnte sie vor Aufregung kaum mehr ruhig sitzen.

„Heute war ich in der Garage", sagte sie. „Dein Mountainbike hätten wir eigentlich gar nicht mitnehmen müssen beim Umzug, oder?"

Ihre Mutter lachte. „Das stimmt. Ich hab es ja schon früher nie benutzt. Eigentlich schade drum."

Annies eigene Wetterstation

Endlich. Freitagabend.

Annies Mutter summte im Badezimmer vor sich hin, der Duft ihres Parfüms schwebte durch die Wohnung.

Annie saß auf dem Bett und tat so, als würde sie ein Buch lesen. In Wirklichkeit konnte sie vor Aufregung kaum atmen. Das Herz flirrte ihr in der Brust wie ein kleines Insekt.

Jetzt klingelte es. Annie rannte zur Tür. „Inga!"

„Hallo Annie." Inga strahlte sie an. Sie hatte ihre braunen Haare zu einer wunderlichen Frisur nach oben gesteckt. „Wie läuft es in der neuen Stadt?"

Annie verzog das Gesicht. Bei Inga brauchte man nie zu lügen.

Ihre Mutter kam aus dem Badezimmer, begrüßte die Freundin und verschwand noch mal im Schlafzimmer.

„Das ist für dich." Inga holte eine kleine Schachtel aus ihrer Tasche.

Annie öffnete sie. Darin lag ein Ring mit einem blauen Stein.

„Ein Stimmungsring. Die Farbe zeigt an, wie es dir geht", erklärte Inga. „Natürlich zeigt er nicht wirklich deine Laune an. Er verändert sich je nach Körpertemperatur. Wenn du aufgeregt bist und dir warm ist, wird er rot. Und wenn dir kalt ist oder du traurig bist, dann wird er blau."

„Wie eine Wetterstation", sagte Annie. Das gefiel ihr. Nikita würde staunen. Schnell zog sie den Ring auf den Finger. Er begann sofort, sich ins Rötliche zu verfärben.

Annies Mutter kam wieder in den Flur. Sie schnappte sich ihre Handtasche und die Jacke. Dann beugte sie sich zu Annie und nahm sie fest in den Arm.

Annie dachte an ihren Plan. Und an die tote Wolke. Sie hielt ihre Mutter ganz fest und spürte, wie Tränen in ihr hochstiegen. Vielleicht sollte sie doch lieber alles erzählen.

„Ist alles in Ordnung?"

Annie blinzelte schnell die Tränen weg.

Ihre Mutter sah ihr ernst ins Gesicht. „Wenn du möchtest, können Inga und ich uns auch hier einen schönen Abend machen."

Annie schüttelte den Kopf. „Ich schaff das schon, Mama."

„Bist du dir ganz sicher? Du kannst jederzeit zu Frau Bröckelmeier gehen."

„Ja, mach ich. Jetzt geh schon."

Annies Mutter stand lachend auf. „Ist ja gut. Ruf an, wenn etwas ist."

Inga wuschelte Annie durch die Haare.

Dann fiel die Tür hinter den beiden ins Schloss. Annie atmete auf und warf einen Blick auf den Ring. Er war knallrot.

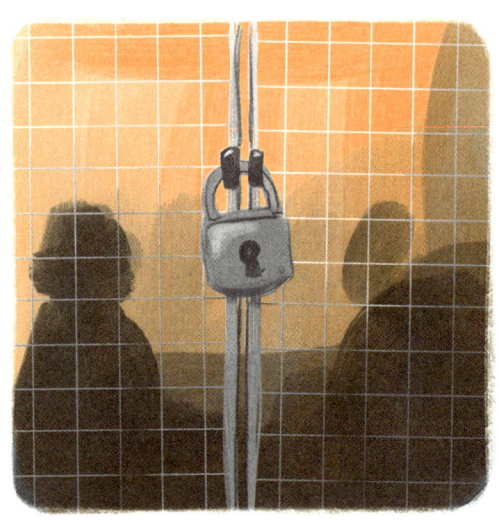

Die Falle

Graue Spinnen krabbelten Annie entgegen, als sie die Plane vom Mountainbike zog. Sie lehnte das Fahrrad an die Wand. Dann stellte sie eine Schneeschaufel und einen Eimer unter die Plastikhülle. Natürlich, irgendwann würde ihre Mutter merken, dass das Fahrrad nicht mehr da war. Aber bis dahin hatte Annie genug Zeit, sich eine Erklärung einfallen zu lassen. Jetzt waren wichtigere Dinge dran.

Es war schwer, das große Mountainbike zum Supermarkt zu schieben. Ständig stieß Annie sich die Schienbeine an den Pedalen.

Der Parkplatz lag menschenleer vor ihr. Obwohl es noch nicht dunkel war, brannten schon die Laternen und warfen gelbe Lichtinseln auf den Asphalt. An der Wand des Supermarkts standen die Müllcontainer in ihrem Gitterkäfig wie Tiere im Zoo.

Annie fragte sich, warum Dominik das Fahrrad ausgerechnet hier übergeben wollte. Wahrscheinlich einfach, weil hier niemand war. Heute war nämlich Feiertag und die Läden hatten geschlossen.

Sie lehnte das Mountainbike gegen die Wand. Jetzt hieß es warten.

Aus dem Schatten der Nebenstraße tauchten drei Gestalten auf. Dominik, Malte und das Lockenmädchen.

Ohne Suppenfahrrad!

In Annies Ohren dröhnte es. Sie packte den Lenker des Mountainbikes so fest, dass es weh tat.

Ihr Plan kam ihr plötzlich sehr dumm vor. Vielleicht hätte sie wenigstens Nikita einweihen sollen. Oder gleich Kurt. Aber dafür war es jetzt zu spät.

Dominik, Malte und das Mädchen bauten sich vor ihr auf.

„Schau an, sie hat uns wirklich etwas mitgebracht", sagte Dominik.

„Ich bin überrascht, dass sie überhaupt da ist. Ganz schön mutig, für so ein kleines Kind." Das Lockenmädchen kicherte.

„Ich bin kein kleines Kind!", rief Annie und merkte, dass sie sich sehr klein anhörte. Sie fühlte sich auch sehr klein.

„Ist ja gut", sagte Dominik mit übertrieben freundlicher Stimme. „Weiß deine Mama eigentlich, dass du hier bist?"

„Nein!", rief Annie. „Aber das geht dich gar nichts an."

Sie konnte vor Aufregung kaum denken.

Dominik trat auf sie zu und sah das Mountainbike genauer an. „Wo hast du das denn her?"

„Wo ist das Suppenfahrrad?", schrie Annie.

„Das ist ja ein nagelneues Rad. Hast du das geklaut?" Dominiks Stimme klang fast ein bisschen bewundernd. „Nicht schlecht. Wärst du ein bisschen älter, könntest du bei uns mitmachen."

Annie stiegen die Tränen in die Augen.

„Wo ist das Suppenfahrrad?", fragte sie noch mal.

„Ach ja, stimmt. Die Klapperkiste bekommst du jetzt natürlich wieder."

Annies Herz machte einen Hoffungshüpfer.

„Es ist da drin." Dominik deutete auf den Käfig.

„Da drin? Wieso denn da drin?"

„Na, der Alte hat da immer das Essen gestohlen, oder nicht? Zufälligerweise hab ich den Schlüssel."

Er klimperte mit einem Schlüssel vor Annies Nase herum.

Annie kapierte gar nichts mehr. Egal! Sie würde das Suppenfahrrad wiederbekommen.

„Also los." Dominik gab ihr einen Schubser.

Die Maschen des Zauns waren sehr eng und die Ecke, in der der Käfig stand, mittlerweile fast ganz dunkel. Nur die zwei dicken Müllcontainer waren deutlich zu sehen.

Dominik schloss die Tür auf.

„Es ist hinter den Containern versteckt."

Tatsächlich, jetzt sah Annie einen Reifen hervorlugen. Sie ging schnell darauf zu.

Dann schepperte alles um sie herum. Ein heißer Blitz schoss durch ihren Körper. Sie hatten die Tür hinter ihr zugeschlagen!

Annie hechtete zurück, versuchte, die Tür aufzudrücken, aber Malte und das Mädchen lehnten sich dagegen, während Dominik den Schlüssel im Schloss umdrehte.

Die drei traten zurück und lachten.

„Haha! Das kommt davon, wenn man Leuten hinterherspioniert", rief das Lockenmädchen.

„Viel Spaß mit deinem Klapperrad! Und Grüße an die Ratten. Wir holen dich dann morgen früh ab. Oder auch nicht." Dominik winkte ihr grinsend zu.

Annie schlug gegen das Tor und schrie.

Aber die drei schlenderten zum Mountainbike, nahmen es mit und verschwanden.

Hektisch drückte sie die Türklinke. Nichts. Sie war eingesperrt. Und es war dunkel. Heiße Tränen liefen Annie über das Gesicht.

Sie sank in die Knie, legte den Kopf in die verschränkten Arme und weinte, bis keine Tränen mehr übrig waren. Dann wischte sie sich übers Gesicht, stand mühsam auf und schob sich hinter den Container.

Was sie dann sah, ließ sie aufschreien. Da war das Suppenfahrrad, ja. Aber es war total kaputt! Alles war verbeult und verbogen. So konnte man es auf keinen Fall mehr benutzen.

Sie donnerte mit den Fäusten gegen den Container

und brüllte wüste Schimpfwörter in den Abend. Nikita hatte sie gewarnt. Und jetzt saß sie in der Falle. Mitten in der Nacht, ganz alleine.

Es war dunkel, das Licht der Straßenlaternen reichte kaum bis zu ihr hinüber. Sie fror.

Der Rettungsanker

Das Tuten dröhnte seit einer Ewigkeit in Annies Ohr.
Endlich ging Nikita ran.

„Hallo?"

„Nikita, hör gut zu! Du musst mir helfen." Annie klammerte sich an ihr Handy wie an einen Rettungsanker auf
hoher See. Nikita alles zu erklären war gar nicht so einfach. Ständig fragte er dazwischen.

„Was?" – „Bist du verrückt?" – „Das Suppenfahrrad?" –
„Wo?" Und wieder: „Bist du verrückt?"

Als Annie fertig war, hörte sie nur Nikitas Atemzüge.
Und dann: TUUT, TUUT, TUUT.

Er hatte aufgelegt.

Annie sank in sich zusammen. Nikita war ihre einzige Chance gewesen.

Sie würde hier erfrieren, so viel war klar. Oder sie musste ihre Mutter anrufen. Die Uhr auf dem Handy zeigte Viertel vor neun. Um zehn wollte ihre Mutter zu Hause sein. Dann würde alles rauskommen.

Es sei denn, es geschah ein Wunder. Annie kauerte sich zusammen und zog ihre Kapuze über. Der Ring an ihrem Finger war bestimmt nicht mehr rot. Aber in der Dunkelheit konnte sie den blauen Schimmer nur erahnen.

Wunder geschehen nicht, so lange man hinschaut, also legte sie den Kopf auf die Knie und schloss die Augen.

Kurze Zeit später hörte sie Schritte.

Vor Schreck sah Annie nicht nur hin, sondern sprang auf und stieß einen Schrei aus.

Über den Parkplatz näherte sich eine kleine Gestalt. Freude lief durch Annies Körper wie ein heißer Schluck Kakao. „Nikita! Du bist doch gekommen!"

„Ja natürlich, was denkst du denn? Es hat nur ein bisschen gedauert, mich rauszuschleichen." Er drückte die Türklinke. „Du bist ja wirklich eingesperrt."

„Ach nee!" Annie hätte am liebsten laut gelacht. „Aber du solltest doch zu Kurt gehen."

„Das mach ich ja auch. Ich wollte dir nur vorher was vorbeibringen." Er zog eine Taschenlampe aus dem Rucksack. „Hier, für dich."

Nikita versuchte, die Taschenlampe durch das Gitter zu geben, aber es war zu engmaschig. Nirgends war ein Durchkommen.

„Weißt du was? Besser, du nimmst sie mit. Ist doch dunkel, da hinten im Hafen!"

Also blieb Annie alleine zurück. Aber jetzt war sie nicht mehr traurig, sondern ruhig und voller Hoffnung. Kurt und Nikita würden sie hier rausholen, ganz klar!

Sie traute sich sogar, einen Blick in die Container zu werfen. In dem blauen waren nur zusammengefaltete Kartons. Das war allerdings ganz praktisch. Annie zog sich außen am Container hoch und holte eine Pappe heraus. So bekam sie wenigstens keinen kalten Hintern.

Der andere Container war halbvoll mit Essen, Gemüse und Obst, Joghurts und Süßigkeiten. Annie angelte sich eine Zehnerpackung Milchschnitten, machte es sich auf dem Karton bequem und aß.

Fast wird die Polizei gerufen

Irgendwann wurde die Zeit dann doch lang. Was, wenn ihre Mutter früher nach Hause kam? Oder wenn Kurt gar nicht da war? Oder Nikita von den Jungs gefangen genommen worden war?

Gerade als ihr diese Gedanken Bauchschmerzen machten und sie anfing, jede Minute auf die Uhr zu schauen, kamen Kurt und Nikita um die Ecke.

Annie hüpfte vor Aufregung in ihrem Käfig auf und ab.

Kurt blieb kopfschüttelnd an der Tür stehen. „Mädchen, was machst du denn für Sachen?"

„Ich wollte dein Suppenfahrrad wiederholen."

Kurt schnaufte. „Hat Nikita erzählt. Schau'n wir mal, ob wir dich hier rauskriegen." Er hob die riesige Zange, die er in der Hand hatte, und setzte sie an den Metallstäben an.

Aber es half nichts. Kurt drückte und quetschte an verschiedenen Stellen. Der Schweiß lief Annie schon vom Zusehen über die Stirn. Die Metallstäbe waren einfach zu dick.

Kurt ließ schnaufend die Zange sinken und trat gegen das Gitter. „Mistzaun, blöder!"

Annie fing an zu weinen. Es würde doch alles rauskommen.

„Jetzt beruhige dich. Es muss doch eine Lösung geben", sagte Nikita. „Vielleicht könnten wir ja doch mal die Polizei rufen."

„Die sagen das doch hundert Prozent meiner Mutter!", heulte Annie.

„Tausend Prozent sogar", sagte Kurt, der vorsichtshalber schon mal die Zange hinter seinem Bein versteckte.

Nikita tippelte mit den Fingern auf der Türklinke herum. Annie hätte sich am liebsten geschrumpft und wäre einfach durch eine Lücke hindurch nach draußen zu ihren Freunden gekrochen. Bei dem Gedanken musste sie lachen, sodass etwas Rotz aus ihrer Nase geschossen kam.

„Was ist denn auf einmal so lustig?", fragte Nikita und wischte sich die Hand an der Hose ab.

„Ich bin froh, dass ihr da seid. Und dass ihr meine Freunde seid. Obwohl ich euch wahrscheinlich nie wieder sehe, weil ich für den Rest meines Lebens im Hort oder zu Hause bleiben muss, wenn das hier rauskommt."

Nikita und Kurt lächelten Annie zu.

Sie holte tief Luft. „Na gut, wir rufen die Polizei. Und meine Mutter."

„Warte. Was ist mit Dominik?", rief Nikita.

„Was soll mit ihm sein? Der kommt bestimmt nicht und lässt mich raus."

„Aber er hat den Schlüssel! Wir müssen ihn doch nur erwischen, dann können wir dich hier rausholen."

Annie spürte, wie sie ein bisschen rot wurde. Nikita dachte gar nicht mehr daran, was Dominik mit Wolke gemacht hatte. Er dachte nur noch daran, sie zu retten.

„Warum hat der überhaupt einen Schlüssel?"

Annie fiel etwas ein. Bei der zweiten Beschattung war Petra aus dem Haus gekommen, in dem auch Dominik wohnte. Sie erzählte es den beiden. „Bestimmt hat er ihr den Schlüssel gestohlen", schloss sie.

„Die mit den Ohrringen? Das ist seine Mutter", rief Nikita.

„Petra?", fragte Kurt. Er schaute einen Moment vor sich hin. Dann zeigte er auf Nikita. „Wo wohnt sie?"

Nikita erklärte es ihm.

Kurt nickte. „Ich bin gleich zurück."

Annie hielt es nicht aus. Sie fühlte sich, als würde glühende Lava durch ihren Körper fließen. „Kurt, warte! Du darfst nicht da hingehen!"

„Ich komm doch gleich wieder. Dann bring ich den Schlüssel mit."

„Nein!" Annie klammerte sich an das Gitter.

Kurt seufzte. „Bis gleich."

„Kurt, ich bin schuld, dass der Zaun hier steht! Ich hab mich verplappert. Wegen den Containern und der Suppe. Und dann hat sie ganz schlimme Sachen über dich gesagt." Annie presste ihr Gesicht gegen die Gitterstäbe. Bestimmt würde Kurt jetzt furchtbar enttäuscht sein.

Aber er zuckte nur die Schultern. „Petra ist kein schlechter Mensch.“

Das Geständnis

Nikita und Annie blieben alleine am Käfig zurück.

„Weißt du, was ich nicht verstehe? Warum hast du mir nicht Bescheid gesagt? Du wusstest doch, dass sie Wolke getötet haben."

Eine zweite Lavawelle schoss durch Annies Körper. Ihre Fingerknöchel leuchteten weiß in der Dunkelheit, so fest hielt sie die Stäbe umklammert. „Ich wollte Kurt für mich alleine haben", flüsterte sie.

Nikita schaute sie verständnislos an.

„Ihr habt so gut zusammengepasst. Ihr mit euren Wetterstationen. Und dann habt ihr mich einfach nicht mehr beachtet."

Nikita biss sich auf die Lippen.

„Deshalb wollte ich Kurt das Suppenfahrrad ganz alleine wiederbringen. Damit er wieder *mein* Freund ist."

Nikita nickte und machte ein trauriges Gesicht. „Wir haben uns einfach so gefreut. Wetterfrösche findet man nicht oft. Aber das war gemein."

Annie kam sich vor, als wäre sie gegen eine Wand gelaufen. Nikita sollte doch jetzt sauer sein. Sonst stand sie noch dümmer da als vorher.

„Nein", rief sie. „*Ich* hab alles falsch gemacht! Aber jetzt hab ich gemerkt, dass es egal ist. Nur weil ich mit Kurt befreundet sein will, heißt das nicht, dass niemand anders mit ihm befreundet sein darf."

„Das stimmt", sagte Nikita.

„Bist du sauer auf mich?"

Nikita dachte kurz nach. Dann schüttelte er den Kopf. „Nein. Ich bin neidisch."

Annie runzelte die Stirn. „Auf was denn bitte?"

„Darauf, dass du so mutig bist. Und ich bin froh, dass du meine Freundin bist."

Einen Moment lang war es Annie ganz egal, dass sie eingesperrt war. „Ich hab jetzt übrigens auch eine Wetterstation." Sie zeigte ihm den Ring.

Nikita leuchtete mit der Taschenlampe darauf, aber man konnte die Farbe nicht erkennen. „Das soll eine Wetterstation sein?"

„Ja, eine ganz besondere. Sie zeigt mein eigenes Wetter an. Bei Blau ist mir kalt, bei Rot ist mir warm und ich bin aufgeregt."

Nikita lachte.

Am Rand des Parkplatzes tauchten zwei Gestalten auf. Kurt mit der Zange in der Hand. Und Petra erkannte man schon von Weitem an den baumelnden Ohrringen.

Annie stutzte. Hinter ihnen ging jemand, der ein Fahrrad schob.

Dominik und das Mountainbike ihrer Mutter!

Petras Gesicht leuchtete weiß wie ein Vollmond. Ihre Lippen waren zu einem schmalen Strich aufeinander-gepresst.

„Aufschließen!", herrschte sie Dominik an.

Der lehnte das Mountainbike an das Gitter.

Annie trat einen Schritt zurück.

Dominik sah sie nicht an, als er den Schlüssel ins Schloss schob.

Und dann war die Tür offen! Annie machte einen Satz aus ihrem Gefängnis und sprang Nikita um den Hals.

„Gib ihm den Schlüssel." Petra deutete auf Kurt.

Dominik sah sie mit weit aufgerissenen Augen an.

„Dem?"

Auch Kurt machte ein verwundertes Gesicht.

„Ja, dem!"

Widerwillig drückte er Kurt den Schlüssel in die Hand.

„Es gibt noch einen zweiten. Aber ich achte darauf, dass die Tür nicht mehr abgeschlossen wird", sagte Petra.

„Wieso denn das plötzlich?", fragte Annie.

„Erstens, damit so etwas wie gerade nicht noch mal passieren kann. Und zweitens, weil Kurts Suppen die besten der Welt sind. Ich hab das Suppenfahrrad sehr vermisst."

Annie deutete hinter die Container. „Das ist leider zerstört."

Petra schoss einen Blick wie einen Pfeil in Richtung Dominik. Der schaute zu Boden.

Kurt trat in den Käfig. Er starrte schweigend auf den Schrotthaufen, der früher sein Suppenfahrrad war. Dann bückte er sich und hob den Topf auf. „Der ist noch gut."

„Du kannst doch das Fahrrad von meiner Mutter umbauen", sagte Annie. Plötzlich wurde ihr ganz heiß. „Mama!" Sie schaute schnell auf ihr Handy. Zehn Minuten vor zehn. „Ich muss nach Hause!" Sie rannte los.

Annie hatte sich gerade ins Bett gelegt, als sie den Schlüssel in der Wohnungstür hörte. Das war knapp. Kurz darauf stand ihre Mutter im Flur und lugte zu ihr hinein. Annie schloss schnell die Augen.

Ein Festmahl und eine Beerdigung

Am nächsten Morgen hatte Annie eine SMS von Nikita:

Festmahl am Hafen! Um zwei Uhr.

„Mama, ich möchte, dass du meine Freunde kennen-lernst", sagte sie beim Frühstück.

Ihre Mutter schaute überrascht auf. „Aber Nikita kenne ich doch schon."

„Ich habe noch mehr Freunde. Einen zumindest. Lass dich überraschen."

Annies Herz klopfte wie wild, je näher sie dem Hafen kamen. Der Geruch von Holzfeuer wehte ihnen entgegen.

„Wer soll denn hier wohnen?"

„Wirst du schon sehen." Annie warf einen Seitenblick auf ihre Mutter. Sie sah ein bisschen aufgeregt aus. Ihre Wangen waren leicht gerötet und sie schaute sich die verfallenen Lagerhallen und struppigen Flächen dazwischen genau an.

Annie wollte gar nicht darüber nachdenken, was sie zu Kurt sagen würde.

Als sie an der letzten Halle vorbeikamen, mischten sich zwei neue Düfte zu dem des Holzfeuers: der von Wasser, dunkelgrün und schwer. Und der von Suppe, süß und warm.

„Das riecht ja gut", sagte Annies Mutter.

Und dann bogen sie um die Ecke. Annie blieb wie angewurzelt stehen. Ihre Mutter stieß einen leisen Überraschungsschrei aus.

Kurts Garten war mit Girlanden und Lampions geschmückt. In der Mitte brannte ein Lagerfeuer, über dem der Suppentopf an einem Gestell hing. Zwei Bänke aus Holzklötzen und Brettern waren darum aufgestellt.

Darauf saßen Kurt, Nikita und Petra. Als sie Annie und ihre Mutter sahen, winkten sie fröhlich. Kurt stand auf und kam ihnen entgegen.

Annie hatte das Gefühl, ihn zum ersten Mal genau anzusehen. Seine Jacke war ziemlich schmuddelig und die Hose eigentlich auch. Aber die Sonnenstrahlen um seine Augen leuchteten wie nie zuvor.

Er ging direkt auf Annies Mutter zu und streckte ihr die Hand hin. „Herzlich willkommen! Sie haben eine tolle Tochter."

Annie war nervös. Dass Kurt und Nikita da waren, war ja klar. Aber mit Petra hatte sie nicht gerechnet. Hoffentlich verplapperte sich niemand.

Petra trug heute wieder ihre Sonnenohrringe. „Obwohl eigentlich nicht so richtig Suppenwetter ist."

Da hatte sie recht. Der Himmel war zwar bleigrau und es wehte ein frischer Wind, aber dahinter spürte man ganz deutlich den Frühling kommen.

„Ich finde, Suppe kann man eigentlich immer essen", sagte Annies Mutter.

Kurt verteilte Schüsseln mit Tomatensuppe.

„Jetzt musst du aber wirklich mal erzählen, woher ihr euch kennt", forderte Annies Mutter.

Und dann erzählte Annie.

Natürlich nicht alles. Aber fast. Sie erzählte vom Suppenfahrrad und dass es gestohlen worden war. Und von der Wetterstation.

„Mein Sohn ist ein missratener Bengel. Aber er und Malte haben dafür alles hergeschleppt", sagte Petra.

„Wirklich?", rief Annie.

„Ja natürlich. Solange das Suppenfahrrad noch nicht wieder repariert ist, muss man ja alles zu Fuß machen. Das konnten die beiden ruhig übernehmen."

Jetzt kamen gleich zwei Punkte, die Annie nervös machten.

Mittlerweile hatte jeder eine Suppenschüssel in der Hand. Annie war noch nicht zum Essen gekommen vor lauter Erzählen. Aber ihre Mutter schon. Sie hatte ganz oft „mmh" gesagt und sah so aus, als hätte sie gerne noch eine zweite Portion.

„Die Suppe ist nämlich aus dem Müll", sagte Annie.

Ihre Mutter machte ein komisches Gesicht und starrte in die leere Schüssel. „Aus dem Müll?"

Das hatte Annie irgendwie falsch ausgedrückt.

„Nicht direkt aus dem Müll", sprang Nikita ein. „Die Zutaten sind Reste aus dem Supermarkt. Die werfen sie in einen Container, Kurt holt sie wieder raus und kocht Suppe."

„Manchmal schnippel ich noch Sachen aus dem Garten rein", sagte Kurt.

Annies Mutter hielt Kurt die Schüssel hin. „Also ich finde, die schmeckt wirklich sehr lecker. Es wird sowieso viel zu viel weggeschmissen."

Annie atmete auf. Kurt füllte ihrer Mutter noch etwas ein.

„Also das Suppenfahrrad ... das haben Dominik und Malte doch kaputt gemacht", sagte Annie.

„So eine Frechheit."

Alle außer Annies Mutter hatten aufgehört zu essen und sahen sie gespannt an. Annie wusste plötzlich nicht mehr, wie sie weitermachen sollte.

Nikita stieß sie in die Rippen.

„Deshalb hab ich gedacht, Kurt kann vielleicht dein Mountainbike haben!" Annie merkte, dass sie fast schrie. „Du fährst ja eh nie damit", fügte sie etwas leiser hinzu.

Ihre Mutter ließ den Löffel sinken. „Das stimmt."

„Vielleicht kann ich auch das alte Suppenfahrrad reparieren." Kurt stocherte mit einem Stock in den Flammen herum.

„Nein", sagte Annies Mutter. „Annie hat recht. Ich fahre wirklich nie damit. Sie können es gerne haben."

Jetzt lachte Kurt. Und alle anderen auch. Dann ging er zu seinem Unterwasserkühlschrank und holte Bier für die Erwachsenen und Limo für Annie und Nikita.

Petra und Annies Mutter ließen sich von Kurt den Garten zeigen und erklären, was er alles anpflanzte.

Nikita und Annie blieben am Feuer zurück. Nikita räusperte sich. Dann holte er eine Kiste unter der Bank hervor.

„Was ist das denn?", fragte Annie. Womöglich wieder ein Teil einer Wetterstation?

„Das ist Wolke." Nikitas Hand lag auf dem Deckel der Kiste, auf dem sich kleine Tropfen bildeten.

„Ich hab sie eingefroren. Irgendwie hab ich es nicht geschafft, sie zu beerdigen. Ganz alleine."

Annie sah ihr Gefrierfach zu Hause vor sich. Manchmal, wenn sie Glück hatte, lag ganz vorne eine Packung Eishörnchen. Dann Erbsen und Fischstäbchen. Und dahinter?

Massenhaft Platz für tote Meerschweinchen oder andere Geheimnisse.

Sie stand auf und nahm Nikita am Arm. „Komm, wir suchen eine Schaufel."

Ende

Die Autorin

Lucie Kolb, geboren 1984, wuchs in einem oberbayerischen Dorf auf. Sie studierte Soziale Arbeit in Mainz. Aktuell lebt sie in Hannover, wo sie im Ganztagsbereich einer Grundschule arbeitet. Sie geht gerne zu Fußballspielen und auf Konzerte. Seit einigen Jahren schreibt sie Geschichten für Kinder.

Vom kleinen und großen Glück

ab 10 Jahre

»Ein wunderbares, nötiges Buch für jedes Mädchen auf dem Weg zu einer starken Persönlichkeit.«
Sonja Wirnsberger, ekz Bibliotheksservice

»Ein Buch das Mut macht und zeigt, dass es gut ist, auch mal anders zu sein - nicht nur in der 5. Klasse!«
Karo, Buchlabor

Lesepunkte bei Antolin sammeln!

Andrea Behnke

Frieda und das Glück der kleinen Dinge

Lena-Frieda will Forscherin werden, genau wie ihre Oma Frieda, von der sie nicht nur den Namen hat, sondern auch die Neugier auf die großen und kleinen Dinge dieser Welt. Doch seit ihre beste Freundin Nele weggezogen ist, fühlt Lena-Frieda sich einsam in der neuen Klasse. Nur Lukas scheint ganz nett zu sein. Aber kann ein Junge die beste Freundin ersetzen?

160 Seiten, 148 x 205 mm,
mit zweifarbigen Vignetten,
gebunden, 13,90 €
ISBN 978-3-943086-76-8

Was tun, wenn die beste Freundin einem plötzlich die kalte Schulter zeigt?

Kopf hoch, Kuchen backen, Club gründen!

ab 9 Jahre

»Eine im wahrsten Sinne zuckersüße Geschichte«
Kilifü

»... einfühlsam und mit einer wunderbaren Portion Humor«
familie.de

Band 2

Stephanie Polák

Cleo und der total (un)coole Kuchenclub

Cleos beste Freundin Emma interessiert sich nach dem Wechsel auf die weiterführende Schule nur noch für Pferde und die Cheerleader-Gruppe „Pink Angles". Mehr widerwillig lernt Cleo die burschikose Toni, die schüchterne Charlotte und die lustige Jule kennen. Die vier Außenseiterinnen raufen sich zusammen. Als an der Schule ein Wohltätigkeitsbasar geplant ist, laufen die vier mit einer tollen Backaktion zu Hochform auf. Aber werden sie es schaffen, damit den Pink Angles die Show zu stehlen?

Mit 10 leckeren Backrezepten, die jeweils zu Cleos Stimmung passen!

144 Seiten, 148 x 210 mm,
mit sw-Illustrationen,
gebunden, 9,90 €
ISBN 978-3-943086-21-8

 **Lesepunkte bei Antolin sammeln!**

Tolle Ponygeschichte mit Thema Natural Horsemanship

ab **9** Jahre

Mit tollen Basteltipps und Infos rund ums Pony nach jedem Kapitel

Anne Scheller

Die Hufeisen-Ranch - Ponyglück mit Hindernissen

Die 11-jährige Polly wünscht sich nichts sehnlicher als ein eigenes Pony. Endlich wird ihr Traum wahr, als sie die rauchschwarze Ponystute Smoky bekommt. Doch Smoky kennt weder Sattel noch Trense, sie wurde nach dem Prinzip des Natural Horsemanship ein-geritten. Aus der Traum vom Ponyglück! Polly ist am Boden zerstört, denn ohne Sattel zu reiten, kann sie sich überhaupt nicht vorstellen. Aber Polly wäre nicht Polly, wenn sie sich da nicht etwas einfallen lassen würde ...

192 Seiten, 148 x 210 mm
gebunden, 12,90 €
ISBN 978-3-943086-50-8

● **Lesepunkte bei Antolin sammeln!**

»Voller Fantasie und Magie«

Petra Hartmann, sciefinet.org

ab 10 Jahre

»Abenteuer und Spannung garantiert«
Fantastische Lesetipps Blog

abenteuerliche Internatsstory mit leichtem Gruselfaktor

● *Lesepunkte bei Antolin sammeln!*

Andrea Tillmanns

Das magische Trio — Geister im alten Gemäuer

Wer glaubt schon an Geister? Judith jedenfalls nicht! Doch als ihre Eltern sie auf ein Internat schicken, ist sie sich da bald nicht mehr so sicher. Hier erwartet sie ein unglaubliches Abenteuer, das so einiges auf den Kopf stellt. Mit ihren neuen Freundinnen Sarah und Marie findet sie heraus, dass jede von ihnen besondere Fähigkeiten hat — magische Fähigkeiten! Und die brauchen sie auch bald: Als bei den Ausgrabungen der Archäologie-AG ein Geist aus seinem geheimnisvollen Kerker entweicht, passieren im Internat merkwürdige Dinge und für das Magische Trio beginnt ein Wettlauf gegen die Zeit …

204 Seiten, 168 x 205 mm,
gebunden, 12,90 €
ISBN 978-3-943086-04-1

Malu und Papilopulus – das Abenteuer ihres Lebens!

ab 11 Jahren

»Pferde-Schmöker mit Suchtfaktor!«
Volksstimme Magdeburg

»gelungene Mischung aus Spannung, Tierliebe, Freundschaft und ein bisschen Verliebtheit«
ekz-Bibliotheksservice

Band 2

Ina Krabbe

Funkelsee – Flucht auf die Pferdeinsel

Das Wichtigste für die 13-jährige Malu ist das alte Rennpferd Papilopulus, einsames Überbleibsel des maroden Gestüts Funkelfeld. Doch als die Besitzerin Sybill von Funkelfeld stirbt, muss Malu hilflos mit ansehen, wie ihre Enkelin Lenka das Pferd misshandelt. Malu bleibt nur eins: Um Papilopulus zu retten, muss sie den mysteriösen Schatz vom Funkelsee finden. Aber gibt es den überhaupt? Und wer ist der merkwürdige Junge, der nachts ums Schloss schleicht? Malu kommt einer Verschwörung auf die Spur, die nicht nur ihr eigenes Leben für immer verändern wird …

Band 3

256 Seiten, 148 x 210 mm, gebunden, 14,90 €
ISBN 978-3-943086-36-2

Stell dir vor, du wachst mitten im Wald auf und bist – ein HUND!

JUDITH LE HURAY

ICH →

EINFACH

TIERISCH

Südpol

»Bei diesem Buch kann man die Welt mit den Augen (und der Nase) eines Hundes erleben!«
Volksstimme Magdeburg

»Ob Hundefreund, Abenteuerliebhaber oder Lachfans, Kinder von 10-12 Jahren werden dieses Buch mögen.«
Kinderohren-Blog

● *Lesepunkte bei Antolin sammeln!*

Judith Le Huray

Ich – einfach tierisch

»Die Knie knicken mir weg, mir wird schwindlig, ich knalle auf den Boden. Das alles ist ein böser Traum. Oder es kommt vom Sturz. Eine Sinnestäuschung. Oder … Bei dem schockierenden Gedanken wird mir schlecht. Als ich den Kopf schüttle, spüre ich meine Ohren schlackern, ich bin ein Hund. Ich. Ein Köter.«

Marvin ist ein ganz normaler, fast 13-jähriger Junge und Sänger der Band RockaRaps. Aber dann hat er einen heftigen Unfall mit seinem Bike und nichts ist mehr wie vorher …

216 Seiten, 148 x 210 mm,
mit sw-Illustrationen, gebunden, 12,90 €
ISBN 978-3-943086-25-6